어느 동양학자의

산띠아고 까미노

어느 동양학자의
산띠아고 까미노

2018년 6월 25일 인쇄
2018년 6월 30일 발행

지은이 | 양회석

펴낸이 | 정병석
펴낸곳 | 전남대학교출판문화원
주소 | 61186 광주광역시 북구 용봉로 77
전화 | (062) 530-0571~3 팩스 | (062) 530-0579
등록 | 1981. 5. 21. 제53호
홈페이지 | http://www.cnup.co.kr
이메일 | cnup0571@hanmail.net

값 18,000 원

ISBN 978-89-6849-504-5 (03040)

이 도서의 국립중앙도서관 출판예정도서목록(CIP)은 e-CIP홈페이지(http://www.nl.go.kr/ecip)와
국가자료공동목록시스템(http://www.nl.go.kr/kolisnet)에서 이용하실 수 있습니다.
(CIP제어번호: CIP2018016969)

전남대학교 아시아문화연구소 총서 10

어느 동양학자의
산띠아고 까미노

양회석 글/사진

전남대학교출판문화원

■ 서 문

796km!

뚜벅뚜벅 걸은 거리이다. 내가 태어난 해의 갑자(甲子)를 다시 맞고 보내면서 무언가 새로운 것을 해보고 싶었다. 이런저런 생각 끝에 홀로 낯선 곳을 하염없이 걸어보기로 했다. 그래서 선택한 곳이 바로 **산띠아고 까미노!** 그 길을 무심코 걷다보니 한반도를 종단하고도 한참 남을, 기나긴 길을 오롯이 두 발로 걷게 된 것이다. 그것은 확실히 내게 가슴 벅찬 '새로운' 경험이었다.

걸으면서 습관처럼 메모를 했다. 제법 두툼한 양이 되었다. 책으로 내볼까? 한동안 망설였다. 굳이 사적인 경험을 책으로까지 내야하나? 하지만 결국 내기로 했다. 까미노에서의 만남들을 잊지 않기 위해서이다. 또한 그 만남들이 가져다 준 상념들을 기억하고 싶어서이다. 무엇보다도, 그 새로운 경험이 혼자 가슴에 품고 있기에 너무 벅찼다.

까미노camino는 스페인어로 길이라는 뜻을 갖는 보통명사이다. 그렇지만 산띠아고를 순례하는 사람들은 '**산띠아고 순례길**'을 특정하여 가리키는 고유명사로 여긴다. 그래서 이 길 위에서는 인사도 '부엔buen(좋은) 까미노'라고 한다. 까미노는 내게 만남의 길이자 상념의 길이었다. 만남은 상념으로 이어지고, 상념의 뒷자락에는 늘 새로운 만남이 기다리고 있었다. 만남은 일기처럼 기록하고 상념은 수필처럼 적었다. 고마운 만남을 오래 기억하고 싶어 썼고, 이로 인한 상념을 깊이 간직하기 위해 썼다.

이 책은 여행 정보나 지식을 전달하는 것을 목표로 하지 않는다. 그렇다고 거창하게 동양학을 논한 것도 더욱 아니다. 굳이 말하자면 평소 갖고 있던 동양학적 지식과 사유를 대중적으로 풀어쓴, 인문학적 잡문이라고 해두면 될 듯하다.

만남과 상념을 소중히 여기는 이들에게 이 책을 권하고 싶다. 특히 걷기를 좋아하는 모든 분들에게 간절한 마음으로 이 책을 바치고 싶다. 우리에게는 꼭 함께 걷고 싶고, 또 걸어야 할 길이 하나 있기 때문이다(S25).

2017년이 저물어가는 치앙마이에서

행인 양회석

■ 목 차

제1부 상념의 길

제2부 만남의 길

제1부

상념의 길

S1

오리와 소녀

변화 없이 지루하게 이어지는 길을 걷노라면 상념에 빠져들기 마련이다. 몸과 마음을 온통 독차지한 상념은 그야말로 천방지축 제멋대로이다. 뿐만 아니라 때로는 전혀 무관했던 것들이 겹쳐져 새로운 상념을 만들어내기도 한다. 어느 순간부터인지 두 가지 별개의 일이 뒤섞여 뇌리를 맴돌기 시작한다. 새끼를 거느리고 산책 중이던 오리와 짐을 잔뜩 짊어지고 홀로 걷던 소녀가 그 주인공이다.

오리에게 시선이 꽂혀 발길을 멈추고 한참동안 서 있었던 곳은 피레네 산맥 어느 자락이었으니, 첫날(D1)이나 둘째 날(D2)이었나 보다. 인가를 못 본 지 족히 나절이나 되던, 깊고 깊은 산속이었다. 오솔길이 작은 시내에 걸쳐 있는 곳에 무엇인가 움직이고 있었다. 어미 오리가 대여섯 마리 새끼를 올망졸망 거느리고 산책 중이었다. 모든 동물의 새끼가 다 귀여운 법이지만, 전혀 예상치 않은 곳에서 만난 오리 새끼들은 내 발걸음을 꼭 붙들기에 충분했다. 새끼를 물끄러미 보고 있던 어미가 인기척을 느껴서인지 고개를 돌렸다. 나와 눈길이 마주쳤다.

지나라는 소녀를 만난 곳은 덜컹대는 자갈들이 낭자한 언덕바지이니, 아홉째 날(D9)이었던 것 같다. 그 때 나는 배낭을 탁송하고 맨 몸으로 걷고 있었다. 그래도 오르기에 벅찬 언덕인데 누군가가 엄청난 짐을 메고서 앞서 가고 있었다. 짐이 몸을 가릴 정도였다. 순례자가 아니라 짐꾼인가 싶었다. 다가가 보니 젊은 여성이었다. 짐만 큰 게 아니다. 몸집도 장난이 아니었다. 죄송한 표현이지만, 가로와 세로가 같아 보였다. 말을 건네니 "한국분이시죠?" 하며 반가운 모국어로 답했다. 그런데 그 목소리가 완전히 소녀였다. 눈동자는 어린아이처럼 맑았다.

이번에는 어미 오리가 나를 붙잡았다. 아무리 보아도 집오리 같아 보였기 때문이다. 다시 주위를 둘러보지만 집은커녕 사람 흔적마저 전혀 없었다. 어릴 적 기억 속의 오리들과 똑같은데 왜 산속에 사는지 궁금해 머리를 기웃거렸다. 오리가 말을 걸어왔다.

"왜 그러세요? 뭘 보고 그러세요?"

"넌 집오리니? 들오리니?"

"둘 다 맞아요. 그러니까 그냥 오리에요."

"뭐라고?"

오리

"원래 농장에서 살았으니 집오리가 맞죠. 그런데 얼마 전 이곳으로 날아와 살고 있으니 들오리가 된 셈이죠. 어쨌든 오리예요."

"집 나온 오리라고?"

지나는 여러 모로 나를 놀라게 했다. 처음에는 제 몸만한 짐이, 다음에는 가로와 세로가 비슷한 몸집이 놀라게 하더니, 이번에는 그녀의 목소리가 놀라게 했다. 가냘프지만 참 고운 음성이었다. 뭔가 조심스럽지만 모든 걸 껴안아 줄 것 같은 느낌이었다. 내 기억 속의 어느 목소리 못지않게 선량한 목소리이었다.

"이렇게 많은 짐을 지고 힘들지 않으세요?"

"물론 힘들지만 어쩔 수 없어요."

"좀 줄이시지 그러세요?"

"제가 걷는 속도가 늦어 오래 걸리므로 짐이 많을 수밖에 없어요."

아이러니의 악순환이다. 몸이 무거워 남보다 일정을 두 배로 길게 잡았다. 그러다보니 짐이 많아지고, 짐이 많아지니 걸음이 더 더딜 수밖에 없으니 말이다.

"그래도 짐을 줄여야 할 텐데…"

"걷다보면 차츰 줄어들겠죠."

어미 오리가 자신을 소개하기 시작했다. 원래 그는 농장에서 소문난 우량아였다. 누구보다도 잘 먹고 잘 지내기에, 토실토실 살이 찐 모습은 부러움의 대상이었다. 물론 주인아저씨가 가장 좋아했다. 그러던 어느 날, 농장 위를 날아가던 청둥오리가 그의 삶을 바꿔놓았다. 자신과 똑 닮은 청둥오리를 보고 어미 오리가 물었다.

"당신은 누구고, 또 어딜 가는 것이에요?"

"나도 오리야, 저 넓은 들판, 저 깊은 산속으로 날아가고 있어."

"난다고요? 나도 날 수 있나요?"

"왜 없어? 너도 날개가 있잖아?"

"근데 나는 날 수 없던데요."

"줄이고 줄이면 돼. 날씬하게 우리처럼."

지나는 등에만 짐을 지고 있는 것이 아니었다. 마음에 더 큰 짐을 지고 있었다. 비록 짧은 대화였지만 그녀의 삶이 눈앞에 선하게 그려졌다.

"실례지만, 어쩌다가 몸이 이렇게…"

"글쎄요, 저도 모르게 그만…"

공연한 질문을 했나 싶었다. 어색한 침묵이 흘렀다. 어색한 분위기를 바꾼 것은 역시 그녀의 선한 목소리였다.

"저는 마음이 물러요. 거절도 잘 못하고 남 싫은 소리도 못해요. 다 마음에 담아 두는데, 문제는 그만큼 많이 먹게 되더라고요."

순간 나는 옥죄는 고3 시절을 보내던 딸이 떠올랐다. 온갖 스트레스를 먹는 것으로 풀 수밖에 없었던 큰딸의 안타까운 모습을.

"예, 그 심정을 알 것 같습니다."

어미 오리가 말을 이었다.

"충격이었어요. 그날 이후 저는 완전히 바뀌었어죠. 살찌는 데 연연하지 않고 반대로 뺀 것이죠. 덜 먹고 열심히 움직였어요."

"어려움은 없었니?"

"주위 친구들이 걱정을 많이 했죠. 어디 아프냐고? 물론 주인아저씨가 제일 걱정했죠. 하지만 저는 아랑곳하지 않았어요."

"그래 지금 만족해?"

"물론이죠. 보시다시피…"

어미 오리가 갑자기 말을 끊었다. 새끼들이 찾고 있었다. 올망졸망 새끼를 거느리고 가던 길을 서둘렀다. 뒤늦게 사진기를 들이대보지만 저만치 사라져 가버리고 없었다.

다행히 지나는 언짢은 기색을 보이지 않았다. 하긴 원래 그런 위인이 아니었다. 지금껏 싫은 기색 없이 궂은 것을 다 마음에 담

짐

아 두던 그녀였다.

"이제는 덜어보려고요. 매일매일 조금씩 걷다보면 등짐이 조금씩 줄어들겠죠. 덩달아 제 몸도!"

마치 보여주려는 듯이 그녀는 힘차게 발을 내딛었다. 결코 빠르지 않지만, 든든한 발걸음이었다.

"그럼요! 당연하죠."

나도 발걸음을 재촉하기 시작하였다.

"나라고 덜어내야 할 게 없을 리가 있나?"

스스로가 돌이켜 보아졌다. 다시 지나를 돌아보며 서로 다짐했다.

"힘냅시다. 우리 꼭 완주하게요."

"예, 완주하세요."

지나를 만난 지 열흘이 넘는 스물둘째 날(D22) 사리아Sarria에 도착했다. 시내를 가로질러 맑은 시냇물이 흐르고 있었다. 바닥이 다 들여다보이는 물 위에 오리들이 물놀이에 한창이다. 오리의 몸놀림에 물풀이 흔들린다. 흔들리는 물풀에 물결이 일고, 그 물결에 오리가 둥실댄다. 순간 궁금해진다.

"너희들은 집오리이니? 들오리이니?"

"뭘 쓸데없는 걸 물으세요. 우리는 그냥 오리라니까요."

지나는 얼마나 왔을까? 나는 이제 얼마 남지 않았는데.

S2

대환(大患)

그해 가을 특별건강진단은 내게 엄청난 충격이었다. 석회화가 시작된 폐는 심하지 않으니 조심하면 되지만, 심장은 훨씬 심각하니 신경을 많이 써야 한다는 진단이었다. 심장 혈관 중 하나가 많이 막혔고, 부정맥도 심하다는 것이었다. 어려서부터 운동을 좋아했고, 성인이 되어서는 단축마라톤에 출전하여 입상한 경험도 있어 최소한 심장만은 누구보다도 건강하다고 자부해왔는데 말이다.

"이건 비상약이니 항상 휴대하여야 합니다. 만약 발병하면 혀 밑에 넣으세요."

의사가 건네주는 비상약을 받아들면서 나는 J교수가 떠올랐다. J교수는 대학 후배이자 동료 교수이다. 수줍은 듯 짓는 미소가 매력적인데다가, 나와 같은 중국학을 전공하기에 남다른 친근감을 느껴왔다. 그가 그해 봄 급사한 것이다. 건강 증진을 위해 무등산을 올랐는데 그만 발병하여 손도 제대로 쓰지 못한 채 변을 당하고 말았다. 그는 평소 심장질환을 앓고 있었다.

시간이 희석시켜준 덕분에 충격이 가라앉자, 나는 이를 전화위복의 기회로 삼자고 스스로를 달래고 북돋았다. 그러면서 <노자(老子)>의 '귀대환약신(貴大患若身)'을 되새겼다. "큰 병을 자신의 몸처럼 귀하게 여기라"는 뜻이다. '대환'이를 친구로 삼기로 했다. 친구가 싫어하는 것들, 흡연, 과음, 자극적이고 기름진 음식 등을 멀리했다. 담배는 과감히 싹둑 끊었다. 술도 줄이고, 심장에 우호적인 포도주를 가능한 마셨다. 식습관도 대폭 바꿨다. 물론 지속적인 운동, 특히 걷기를 '죽자고' 실천했다. '대환'이 덕분에 몸 상태가 예전보다 훨씬 좋아진 것 같다.

그렇지만 J교수 충격 이후 나는 높은 산은 아예 오를 생각을 하지 않았다. 산띠아고 까미노의 여정을 기획하면서 제일 먼저 길의 고도(高度)를 체크했다. 무등산 높이를 훌쩍 넘는 산이 세 개나 된다. 잠시 망설였지만 결론은 도전하자는 것! '대환'이도 걱정하지 말라고 하는 것 같았다. 하지만 주치의의 생각은 달랐다.

"걷는 것은 좋지만, 무리하면 오히려 심장에 부담을 줍니다. 게다가 높은 산들도 있다면서요. 가지 않는 게 좋겠습니다."

실랑이가 벌어졌다. 의사는 환자를 걱정하는데 나는 아무튼 가야한다고 우겼다. 무리하지 않고 처방약을 충실히 먹겠다고 다짐을 거듭한 끝에 겨우 허락을 받았다.

"절대로 무리하지 말고, 조금이라도 이상하면 중단하셔야 합니다."

"예!"

아름다운 피레네 산맥

내가 택한, 프랑스 생장피드포르에서 스페인 산띠아고로 향하는 코스는 첫 날에 1,450m의 피레네 산맥을 넘어야 한다. 산을 오르기 시작한 지 얼마 안 돼서 숨이 가프고 가슴이 답답해졌다. 덜컥 겁이 났다. 의사의 당부와 우려가 생각났기 때문이다. 주위 사람들에게 물었다. 혹 나와 같은 증상인지 아닌지를. 같다는 말에 비로소 마음이 놓였다. 숨소리도 차분해지고 가슴도 탁 트이기 시작했다. '대환'이도 걱정 말라고 말하는 것 같았다. 그제야 발아래 펼쳐지는 환상적인 경치가 제대로 보이기 시작했다.

첫날 성공적인 등정 이후, 스스로 잘 걷는다고 자찬하면서 열심히 그리고 신나게 걸었다. 나는 '대환'이를 깔끔히 잊어버린 것이다. 절대로 무리하지 말라는 의사의 당부도 잊은 지 오래였다. 물집이 생기고 발목이 시큰거려도 아랑곳하지 않고 무대포로 걸었다. 결국 탈이 나고 말았다. 발목의 통증이 심해져 도저히 걸을 수 없는 상황이 된 것이었다(D14). 또 하나 다른 '대환'이가 찾아온 것이다. 길손에게 발병이 생겼으니 이보다 더 큰 '대환'이 있겠는가? 버스로 이동하려고 했더니 그것도 여의치 않았다. 일요일이라 운행을 하지 않았던 것이다.

"쌤통이다."

아마 '대환'이가 심술을 부리고 있는지 모르겠다 싶다. 서둘러 나는 '대환'이에게 화해를 청했다.

"약도 바르고 보호대도 채워줄게. 그리고 이제부터는 너와 상의해서 걸을게. 조금씩 천천히 걸어보자."

참 신기했다. '대환'이가 말을 알아들었나 보다. 꼼짝달싹 못하던 발이 움직이기 시작했다. 그때부터는 '대환'이가 가자고 해야 걸었다. 그리고 50분이 되면 멈췄다. 다시 가자고 할 때까지 쉬었

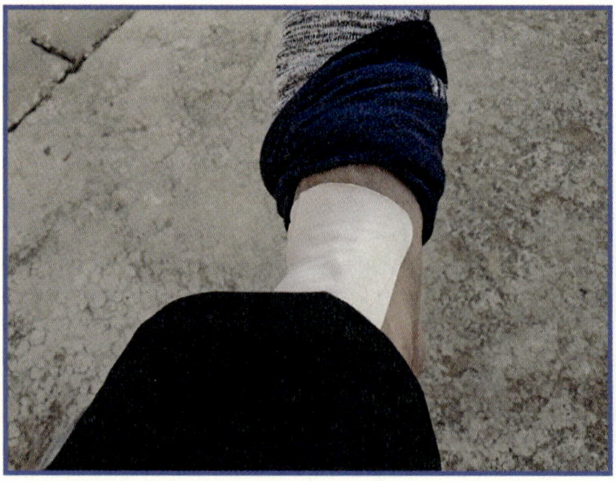

부은 발목

연고와 보호대

다. 이렇게 마지막까지 나는 '대환'이와 대화를 나누며 걸었다.

"발목을 다쳐 다행이다. 그렇지 않았다면 더 무리하게 걸었을 것이고, 그러면 심장은 어찌 되었을까?"

모든 일정을 마무리하고 대서양 해변에 앉았다. 생각하니 이번 여정은 모두 다 '대환'이 덕분인 게 분명하다. 첫 번째 '대환'(심장 질환)의 덕분에 몸, 특히 다리의 건강을 얻었고, 두 번째 '대환'(발목 부상)의 덕분에 심장에 무리한 짓을 하지 않았으니 말이다. 그러고 보니 '대환2'도 '대환1'이 일부러 불렀는지 모르겠다. 광활한 대서양을 굽어보며 나는 소중한 친구 '대환'이와 우리의 우정이 저 바다처럼 변치 말자고 약조했다.

저 대양처럼 변치 말자

발아 고맙다

S3

포도주

까미노에서 가장 기억에 남는 '것'을 한 가지만 꼽으라면 나는 포도주를 꼽지 않을 수가 없다. 점심이든 저녁이든 식사와 더불어 포도주가 나온다. 한결같이 맛있고 양도 넉넉하다. 보통 반병을 주지만 병 채로 주는 경우도 적지 않은데, 무료라는 사실이 금상첨화다. 국내에서는 가격이 만만치 않아 마시기 쉽지 않았는데 말이다. 포도주 애호가에겐 천당이 따로 없다.

사실 원래부터 내가 포도주를 즐겨 마신 것은 아니다. 심장 질환이 있다는 진단을 받은 이후 '찾아' 마시게 되었다. 주치의가 술과 담배를 삼가되, 부득이 하면 포도주를 마시라고 하였기 때문이다. 그래서 포도주를 마실 때는 다른 술과 달리 당당하게 마신다. 마치 약이나 되는 듯이. 이런 포도주를 끼니마다 숭늉처럼 마실 수 있게 된 것이다. 그렇다고 그것만으로 가장 기억에 남는 것은 물론 아니다. 포도주는 병도 주고 약도 주면서 자신의 존재를 나에게 확실히 각인시켜 주었다.

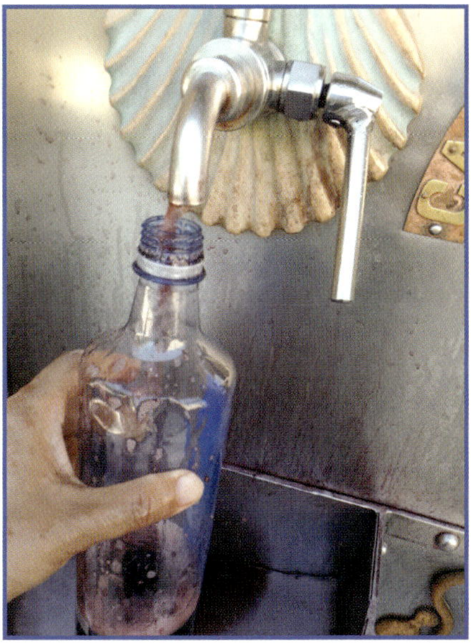

포도주 꼭지

물과 포도주 꼭지가 나란히 있는 것으로 유명한 아이에기Ayegui에서의 일이다(D4). 목마른 나그네가 마음껏 마시도록 개방된 샘에 두 개의 꼭지가 있다. 하나는 물이요 하나는 포도주다. 나는 당연히 물은 처다 보지도 않고 포도주를 골랐다. 꿀꺽 꿀꺽 들이킨 다음 병에 가득 담았다. 취기가 도도하게 올라왔다. 기분은 최고였다. 그런데 그만 이정표를 놓치고 말았다. 한참을 헤매며 기진맥진할 무렵, 운 좋게 친절한 스웨덴 부부를 만나, 함께 다음 마을까지 가게 되었다. 그런데 부활절 연휴여서 숙소가 이미 다 만원이었다. 결국 택시를 타고 큰 도시로 가서야 겨우 숙소를 잡게 되었다. 거의 온 종일, 근 50km를 이동했으니 엄청나게 '긴 하루long day'였다. 다 포도주 탓이다. 그렇게 욕심내지 말았어야 했다. 포도주 몇 모금을 욕심냈다가 오후 내내 고생했으니, 자업자득(自業自得)이다. 소탐대실(小貪大失)!

우여곡절 끝에 도착한 알베르게Albergue(순례자를 위한 숙소)는 시립이어서 그런지 허름한 편이었다. 그러나 그 순간만은 궁궐이 따로 없었다. 쉴 수 있는 곳이 있다는 것만으로도 행복했다. 마침 먼저 와 있던 한국 젊은이 서너 명이 반겼다. 포도주 욕심에 당한 고생을 하소연 했더니, 그들은 오히려 부러워했다. 자신들이 이른 아침 지나올 때는 샘 자체를 아직 개방하지 않아서 포도주는 맛도 못 봤던 까닭이다. 그러면서 눈을 반짝이며 물었다.

"혹 가져오신 것 없나요?"

"있지. 여기 있네. 마셔들 보게."

"와! 잘 마시겠습니다."

눈 깜짝할 사이에 병을 비운다. 서로 돌려가며 정말 맛있게 마시는 모습을 보니 기분이 흐뭇해졌다.

"소원성취 했습니다. 덕분에. 정말 고맙습니다."

"뭘, 바커스 신에게 고맙다고 하게나."

이번에는 포도주가 약을 주나 보다. 너무 좋아하는 젊은이들을 보니 내가 큰일이나 한 듯 으쓱거려졌다. 전화위복(轉禍爲福)!

두 번째로 포도주가 내게 깊은 인상을 남긴 것은, 눈보라가 몰아치는 악천후 속에 산을 넘었던 날(D21)이었다. 점심과 더불어 나온 포도주 한 병을 거의 다 마시고 나니 파김치가 되었던 몸에 기운이 다시 돋았다. 호기를 부려 더 걷기로 했다. 그것도 도중에 쉴 곳이 없는 코스를 택했다. 예상과 달리 길은 멀었다. 아무리 걸어도 쉴 만한 마을이나 고장이 나오지 않았다. 날이 저물어 가는데 비마저 오락가락했다. 거의 탈진해서 바닥에 주저앉고 말았다. 한참을 쉬었다 일어났지만 걸을 수가 없었다. 지금까지는 50분 걷고 나서 10분 쉬면 거뜬히 다시 걸었지만, 10분이 멀다하고 주저

앉아 쉬어도 10m를 걸을 수가 없었다. 어릴 적 갖고 놀던 용수철이 생각났다. 잡아당겼다 놓으면 다시 제자리로 돌아오는 게 신기했다. 한 번은 있는 힘을 다해 한껏 당겼더니 더 이상 제 모습으로 돌아가지 않았다. 마치 늘어나 버린 그때의 용수철이 된 듯, 후회가 막심이었다. 포도주를 좀 덜 마셨어야 하는데. 그러면 무모한 시도는 하지 않았을 텐데 말이다.

포도주

역시 길손에겐 길손이 힘이 되는 법! 스페인 젊은이 한 쌍이 다가와 괜찮은지 묻더니 아예 내 곁에 쭈그려 앉았다. 가까운 곳에 호텔이 있다면서 격려한다. 덕분에 질질 다리를 끌며 다시 걸었다. 간신히 호텔에 도착, 가격도 묻지 않고 묵기로 했다. 노년 부부가 딸과 함께 경영하는 아늑한 호텔이어서 친절하고 푸근하였다. 종일 악천후에 시달린 옷을 몽땅 벗어 세탁을 맡겼더니, 다리미질까지 해서 차곡차곡 잘 개서 가져왔다. 모처럼 집에 온 기분이다. 아내의 손길이 느껴진다. 평소 고마운 줄 모르고 당연히 여겼던 그 손길! 호텔 비용도 생각보다는 훨씬 비싸지 않으니, 포도주 '덕분'에 호강을 하게 되었다. 이렇게 보면 이번에도 포도주가 병 주고 약 준 셈이다. 사실 일상의 소중함을 명심하는 계기가 되고, 늘어나 버린 용수철 교훈을 되새길 기회가 된다면 이 보다 더 큰 소득이 어디 있겠는가?

작은 욕심을 부리다 크게 잃게 된다는 의미로 소탐대실이라는 말을 흔히 한다. 이번 까미노 여정에서 내가 포도주 욕심을 부리다 크게 혼난 적이 두 번이나 된다. 그러나 어찌 포도주 탓이랴? 제 탓이지. 아무튼 포도주 탓에 혼은 났지만, 이로 인해 얻은바 또한 적지 않다. 그러고 보면 내게 포도주는 작은 실수로 큰 것을 얻게 하는 소실대득(小失大得)의 존재인지도 모르겠다. 포도주가 그래서 가장 기억에 남을 수밖에 없다.

S4

다 리

길을 가다가 다리를 만나게 되면 신이 절로 난다. 우선 지루한 길에 변화를 주는 볼거리가 될 터이니 반갑다. 또한 물을 좋아하는 나로서는 무엇보다도 물을 볼 수 있어 반갑다. 다리는 어느 부

나무다리와 길손

돌다리와 마을

분 할 것 없이 다 볼거리를 제공한다. 굽은 다리를 넘어가는 길손의 뒷모습이 유달리 멋있게 보이는 것은 나무로 된 난간과 상판이 안받침해주기 때문이다. 다리 너머 마을이 유달리 정겨워 보이는 이유도 돌로 된 난간과 상판이 어서 오라 손짓하기 때문이다.

난간과 상판이 다리의 상부구조라면 교각(橋脚)은 하부구조이다. 교각을 토박이말로 옮기면 '다리의 다리'이다. 그래서인지 다리의 핵심은 교각, 즉 '다리'인 것 같다. 다리의 주요 기능이 '흙길'과 '물길'을 공존시키는 데 있다면, 그 기능을 직접적으로 수행하는 것이 바로 교각인 까닭이다. '흙길'을 지탱하면서 아울러 '물길'을 내주는 역할을 '다리의 다리'가 맡고 있다. 그래서 그런지 물이 흐르지 않는 다리는 외견이 아무리 웅장해도 다리 같지가 않다. 차라리 작지만 물이 흐르는 마을 다리가 훨씬 다리답고 정겹다.

물이 흐르지 않는 대형 다리

물이 흐르는 작은 다리

징검다리는 아예 상부구조가 없다. 다만 '다리의 다리'가 몇 개 물위에 놓여 있을 뿐이다. 다리라고 부르기에도 민망할 정도로 초라하지만, 그럼에도 불구하고 징검다리를 좋아하지 않는 사람은 없는 것 같다. 물론 나도 좋아한다. 예나 지금이나 폴짝 폴짝 뛰어 건너보고 싶고, 엉거주춤 쭈그려 앉아 물장난도 치고 싶다. 황순원의 <소나기>에 나오는 징검다리가 떠오르는지도 모른다. 까미노 숲길을 걷다보면 종종 이런 징검다리를 만나게 된다. 징검다리는 '물길'을 느끼게 하는 다리이다. 기실 우리가 징검다리를 좋아하는 이유가 바로 여기에 있었던 것은 아닐까? '흙길'만 보다가 '물길'을 몸으로 느껴볼 수 있으니 말이다. 물에 비친 자신의 모습이 대견스럽다.

다리를 보고 있노라면 나는 늘 노자(老子)를 떠올린다. 그는 '있음(有)'과 '없음(無)'이 호응하는 데 진정한 '쓰임새(用)'가 있다는 사실을, 우리가 흔히 보는 사물들을 들어 설명한 바 있다. 바퀴살(有)과 굴대(無)가 있기에 수레바퀴가 구르고, 흙으로 빚은 몸

숲속 징검다리 원경

숲속 징검다리 근경

통(有)이 빈 공간(無)를 품고 있기에 질그릇이 물건을 담을 수 있으며, 담벼락(有)을 뚫어 창과 문(無)을 냈기에 방이 제 역할을 할 수 있는 법이라고. 적절한 예증이지만 나는 여기에 다리를 보태고 싶다. 특히 교각, 즉 '다리의 다리'야말로 있음과 없음의 상보 작용을 선명하게 보여주고 있기 때문이다. 굳건히 서서(有) '흙길'을 지탱하면서도 사이를 비움으로써(無) '물길'을 열어주고 있으니 말이다.

S5

호연지기

도심에서 부대끼며 사는 현대인에게 드넓은 들판을 가로지르는 끝없는 길은 선망의 대상임에 틀림없다. 군데군데 나무가 서있어도 좋고 지평선이 훤히 들어나 보여도 좋으리라. 그러나 그 길도 한두 시간 넘게 걷다보면 지루해지기 마련이다. 더구나 뙤약볕 아래 그늘 한 점 없는 길을 한 나절 걸을 때는 왜 이런 고생을 사서 하는지 모르겠다는 푸념이 절로 나온다. 이런 경우를 까미노에서는 자주 겪는다. 특히 메세타라 불리는 황량한 고원 지대는 길손을 지치게 하는 곳으로 악명이 높다.

인적을 찾을 수 없고, 한없이 광야만이 펼쳐지는 이런 구역을 두고 평가가 극명하게 나뉜다. 혹자는 볼거리도 쉴 곳도 없으니 차량으로 이동하고 아예 건너뛰라고 권한다. 혹자는 여기야말로 까미노의 백미이니 반드시 걸어보라고 권한다. 사색하기 딱 좋은 곳인 까닭이다. 물론 나는 후자의 생각을 지지한다. 그래서 뚜벅뚜

사색의 길

벅 빠짐없이 걷고 있다.

반나절을 상념에 젖어 걸으면서 잘한 선택이라 혼자 흡족해 한다. 그러나 상념도 한계가 있나보다. 온갖 것이 생각나고, 온갖 것을 생각해 보지만, 길은 끝날 기미가 없다. 아무런 생각도 도움이 되지 않는다. 자꾸 시계를 보면서 이정표를 뒤적인다. 거리를 계산하며 조급해한다. 그럴수록 발걸음만 더 무거워질 뿐이다. '알묘조장(揠苗助長)'이란 고사성어가 바로 이런 경우를 두고 한 말이리라.

첫날(D1) 나에게 초콜릿 한 쪽을 권했던 우리나라 대학생이 떠오른 것은 바로 이 때이다. 그는 군 입대를 앞두고 유럽으로 배낭여행을 왔다가, 독일 친구를 따라 엉겁결에 까미노를 온 친구이었다. 피레네 산맥을 오르기 시작할 무렵, 그는 한 마리 노루처럼 날

렵하게 나를 앞서 걷고 있었다. 산 정상에 가까워지면서 발걸음이 더디어지더니 결국 길가에 주저앉고 마는 것이다. 무리 하지 말고 천천히 오라고 당부하면서 나는 내심 걱정이 컸다. 그런데 다음날 그를 만나니 언제 그랬느냐는 듯이 말짱했다. 그의 말이 의미심장했다.

"거리 따위는 다 무시하고 생각 없이 땅만 보고 걸었어요. 그랬더니 의외로 힘들지 않던데요."

비결을 체득해서인지 그날따라 그는 더 활짝 웃었다.

"그래 맞다. 바로 이것이다!"

상념마저 짜증날 쯤이 되면 나는 차라리 고개를 숙이고 걸음을 천(千)까지 세어 보기로 했다. 왼 발과 오른 발을 합쳐 한 걸음, 이렇게 천 걸음이 되도록 땅만 보며 걸었다. 마치 불가에서 좌선할 때 쓰는 방편(方便)처럼 숫자를 세는 데만 집중했다. 기실 걷는 데만 집중하는 것인데, 그러다 보면 온갖 상념이 사라지고 느낌마저 없어지니 지루할 일이 있을 턱이 없게 되었다. 천 걸음이 되는 순간 뒤돌아보면 걸어온 길이 이미 저 멀리 있을 뿐이었다.

"언제 이렇게 많이 왔지?"

힘이 절로 솟는 기분이었다. 이렇듯 천보(千步) 세기를 몇 차례 하고 나면 어느새 목적지가 부쩍 다가와 있었다. 뿐만 아니라 뭔지 모를 희열감에 마음이 드넓어지는 것이었다.

곰곰이 생각해 보니 이것이 바로 맹자(孟子)가 자부했던 '호연지기(浩然之氣)'의 양성법이 아닌가 싶다. '호연지기'를 기르기 위해 산에 간다는 말을 흔히 한다. 정상에 올라가 '야호' 크게 외치면

호연지기가 생긴다는 것이다. 어림없는 말씀이다. 그것은 평소에 올바른 일을 꾸준히 하다보면 자기도 모르게 도달하는 지대(至大)하고 지강(至剛)한 경지이다. 서둔다고 얻어지는 게 결코 아니다. 서둘다간 오히려 망칠 뿐이다. 곡식이 더디 자란다고 그 싹(苗)을 뽑아(揠) 성장(長)을 돕던(助), 저 어리석은 농부의 '알묘조장(揠苗助長)'과 다를 바가 없을 따름이다. 작지만 차곡차곡 쌓아 가다보면 자기도 모르는 새에 커져 있는 마음! 그것이 호연지기이리라.

확실히 맞는 말이다. 지루하지만 사색할 수 있는 길, 그것이 까미노의 정수라는 말이 틀림없다. 아무 생각 없는 상념이야말로 진짜 상념이 아닐까? "'지금 여기'에 머물러 숨을 쉴 때는 쉬는 줄을 알고, 걸을 때는 걷는 데만 집중"하라 가르치는, 베트남 출신의 스님 틱낫한이 생각난다. 어쩜 내가 상념 없이 걸었던 것이 바로 '걷기 명상'이 아닐까 싶어서이다.

S6

어(語)테크

근자에 이른바 환갑을 보냈다. 대학에 봉직한 지도 35년이 넘어 간다. 그동안 지나온 것을 돌이켜 보니 아쉬운 것이 적지 않다. 그 중에 하나가 재테크이다. 주위 친구들 보다 직장 생활을 꽤 오래 동안 했음에도 불구하고 금전적 여유와는 늘 거리가 멀다. 경제면으로 따진다면 완전히 빵점이라 해도 할 말이 없다. 그래도 잘한 것이 없냐고 묻는다면 외국어는 좀 한다고 답할 수 있을지 모르겠다. 중국어, 영어, 일본어를 할 수 있으니까 말이다. 그것도 사실 알고 보면 별거 아니다. 중국어야 직업적인 전공이고, 영어야 상식에 가까우니, 겨우 일본어 하나 더하는 정도에 불과하다. 한마디로 '어(語)테크'도 별 거 없다.

늦은 감이 있지만 이제라도 무언가 해보기로 하자. 태어난 해의 갑자(甲子)가 '다시' 시작되니 이제 겨우 한 살인 셈이다. 우연의 일치겠지만 성경에도 이르기를, "여호와께서 이르시되 … 그들의 날은 백이십 년이 되리라 하시니라(창세기 6장 3절)"고 하였으니 말이다. 부모님 연세도 제대로 기억하지 못할 정도로 숫자 개념이 없으니 애당초 재테크는 불가능할 터, 어테크라도 해보기로 다짐했다. 그래서 환갑 기념으로 배우기 시작한 것이 프랑스어, 스페인어 그리고 태국어이다. 아직 어설픈 영어와 일본어도 틈틈이 챙기는 것을 잊지 않았다.

까미노를 걸으면서 나는 어테크의 덕을 많이 본 편이다. 다양한 인종과 국적의 사람들이 함께 하는 자리에서 어테크는 그 진가를 발휘한다. 까미노에서 만나 사랑하고 결혼한 불가리아 여성과 스페인 남성이 까미노에 세운 호스텔에 묵던 날(D10), 다국적 식구가 빠에야를 함께 먹었다. 대만, 싱가포르, 브라질, 캐나다, 영국, 불가리아 그리고 한국, 다양한 국적만큼 다양한 언어가 식탁을 넘나들었다. 토막말일지라도 상대방의 언어로 인사를 건네면 훨씬 쉽게 친해진다. 물론 말이 짧아 언제나 아쉬움이 남지만, 그 아쉬움으로 어테크에 박차를 가하면 된다. 소문대로 스페인 사람 대부분은 매우 열정적이었다. 예컨대 뒷골목 바(bar)의 주인은 열심히 이것저것 설명을 해댔다. 나의 스페인어 수준일랑 전혀 고려하지 않고 떠들어내니 그저 웃을 뿐 대꾸할 방법이 없다. 속으로 스페인어를 열심히 배워야겠다고 다짐할 따름이다.

사실, 해외여행하기 위해서 외국어를 배우는 것은 아니다. 언어는 의사를 소통시키는 도구이지만, 또한 그 자체로 훌륭한 목표가 될 수 있는 법이다. 흔히 다양한 문화를 경험하기 위해 해외여행

다국적 식구

열정적인 스페인 사람

을 한다고 한다. 그런데 그 나라의 문화를 가장 고스란히 간직하고 있는 것이 바로 그 나라 언어라는 사실을 우리는 자주 잊어버린다. 짜여진 일정에 정해진 문물을 '보는' 것만으로는 그 나라의 진정한 면모가 보일 리 없다. 시간과 공간을 넘어서는 혹은 관통하는 그 나라 문화의 정수는 그 나라의 언어가 가장 충실하게 담고 있다. 예컨대 태국의 경우, 외형적으로 보면 수많은 사원과 스님이 입증하듯이 소승불교의 나라이니, 인도 문화의 절대적인 영향을 받은 것으로 간주하기 쉽다. 그러나 태국어의 기본 골격이 중국어와 매우 흡사하다는 사실을 알게 되면 그러한 섣부른 판단은 내리지 않을 것이다. 태국어도 중국어처럼 "밥을 먹다"가 아니라 "먹다 밥을"이라고 한다. 기본적인 어휘가 대부분 단음절어이며 문법적으로 아무런 변화를 하지 않는다. 대신에 성조(聲調)로써 동음이어(同音異語)를 변별하는 점도 마찬가지다. 물론 태국어에는 빨리어와 산스크리트어에서 온 어휘도 많다. 뿐만 아니라 중국어와 완전히 다른 면도 갖고 있다. 예를 들면, "신기한 동물"이라는 말을 “동물 신기한” 식으로 표현한다. 이 점은 스페인어나 프랑스어와 일치하니, ‘신기’할 뿐이다. 반면 중국어는 우리말처럼 피수식어(被修飾語)를 꾸미는 수식어(修飾語)가 원칙적으로 앞에 온다. 이 점은 일본어도 마찬가지이다. 여러 나라 말을 비교해보면, 사실 우리말과 일본말은 놀라울 정도로 비슷하다. 일란성 쌍둥이 정도까지는 아니지만, 이란성 쌍둥이라고 불러도 좋을 것 같다. 어쩌면 언어는 문화 교류의 역사를 담고 있는 살아있는 화석(化石)이 아닌가 싶다.

아무튼 외국어를 안다는 것은 그 나라의 문화를 깊숙이 들여다보는 첩경이다. 게다가 재테크처럼 전문지식도 필요하지 않고, 그저 한만큼 정직하게 쌓여간다. 절대로 잘못 투자해서 깡통을 차는 일은 없다. 설사 좀 잘못을 저지른다고 손해 날 일도 없다. 그러니 늦게나마 어테크를 시작한 것은 잘한 일이다.

사족 1

현지 외국어를 익히면 훨씬 경제적으로 여행을 할 수 있다. 특히 단기 체류를 겸한 여행이나 배낭여행을 하는 경우, 현지 언어를 구사한다면 경비를 대폭 줄일 수 있다. 이런 의미에서 어테크는 재테크를 겸하니, 일석이조이다.

사족 2

스페인어는 중남미를, 프랑스어는 아프리카를 언젠가 가기 위해 배우고 있다. 두 대륙의 주요 공용어로 군림하고 있는 언어이기 때문이다. 이제는 ‘문명 언어’를 쓰고 있는 원주민의 삶의 속내를 ‘문명 언어’를 통해서라도 접해보고 싶은 것이다.

S7

짝짝이 장갑

목적지 산띠아고에 도착하던 날 미안한 마음으로 버린 물건이 하나 있다. 짝이 맞지 않은 짝짝이 털장갑이다.

까미노는 생각보다 일교차가 무척 컸다. 한낮에는 훌러덩 다 벗어던져버리고 싶을 정도로 덥지만, 이른 아침 알베르게를 나설 적에는 오리털 파카를 입어야 할 정도로 써늘했다. 뿐만 아니라 높은 산악 지대를 넘던 하루(D21)는 대낮인데도 순식간에 날씨가 표변하여 함박눈이 쏟아졌다. 이러니 내가 걸었던 까미노는 사계절을 공유하고 있는 셈이었다.

까미노 행장을 챙기면서 털장갑을 들었다 놓았다 했었다. 필요할 것 같기도 하고 거추장스런 짐만 될 것 같기도 해서였다. 결국 배낭 한 구석에 대충 '쑤셔' 넣었다. 인심 쓰는 셈치고 데리고 가기로 한 것이다. 그런데 그 허름한 털장갑이 이렇게 유용할 줄은 예상하지 못했다. 이른 아침, 알베르게를 나설 적에 등산화를 신은 다음 털장갑을 끼면 준비 완료! 걸음을 떼기 전에 장갑 낀 손을 한번 마주치면 마음이 든든해졌다. 햇볕이 강해지면서 땀이 나기 시작하면 벗어서 배낭 윗 주머니에 '챙겨' 넣었다. 다음날 쉬 찾기 위해서였다.

잘 챙긴다고 했음에도 불구하고 어느 날(D17) 장갑 한 짝이 없어졌다. 아마도 배낭 주머니를 야무지게 잠그지 않아서 걷는 도중에 빠져버렸나 보다. 등산화 끈을 매고 마지막으로 장갑을 끼려 했더니 한 짝뿐이었다. 아쉽고 허전했다. 남은 한 짝을 어떻게 할까 망설였다.

"그냥 버려버릴까?"

"아니, 그럴 수는 없지…"

그날 저녁이었다. "재활용 물품 상자"에 짝 잃은 장갑 한 짝이 놓여 있는 것이다. 대부분 알베르게는 상자나 바구니를 비치해두는데, 순례자들은 자신이 쓰지 않는 물건은 여기에 두기도 하고, 혹 필요하면 가져가기도 한다. 색깔도 다르고 모양도 다른 목장갑이었다. 역시 누군가가 한 짝을 잃어버리고 남은 한 짝을 여기에 남겨둔 모양이다. 나처럼 차마 버리지 못하고 여기까지 가져온 것이리라. 기꺼이 챙겨들었다. 그러면 나의 잃어버린 한 짝도 누군가가 주워서 써줄 것만 같았다. 아침마다 짝짝이 장갑을 마지막으로 끼고서 당당하게 외쳤다.

"출발 준비 완료!"

재활용 물품 상자

짝짝이 장갑

이제 산띠아고에 도착했다. 배낭 속 짐을 다 쏟아놓고 정리했다. 아직 쓸 만하지만 가져가기 불편한 것들을 하나하나씩 얌전히 방 한 구석에 놓아두었다. 짝짝이 장갑은 어떻게 하지? 아무래도 쓸 사람이 없을 터이니 버려 마땅할 터이지만, 잠시 머뭇댔다. 보잘 것 없어도 아침 추위를 든든하게 막아주었을 뿐만 아니라 "아낌없이 나누는 까미노 정신"을 느끼게 해준, 소중한 것이었기 때문이다. 결국 미안한 마음과 고마운 마음을 함께 담아 쓰레기통에 버렸다. 짝짝이 장갑이 나를 물끄러미 쳐다보는 듯하다.

"세상에 쓸모없는 물건은 없다고 하더니…"

S8

양귀비

막 까미노를 걷기 시작할 때에는 모든 것이 신기했다. 인간이 만들어놓은 건축물이든 자연이 빚어놓은 풍광이든, 눈에 비친 대부분이 우리의 그것과 다르게 보였다. 하루 이틀 지나자 눈에 익숙한 것들이 하나둘 보이기 시작했다. 닷새 째 되는 날(D5)이었다. 들판에는 낯선 올리브 나무와 낯익은 포도나무가 갈마들었다. 들판을 벗어나 도로에 올라서니 너무나 친숙한 꽃들이 기다리고 있었다. 유채꽃과 양귀비꽃이 길가에 가득 피어 있는 것이었다. 타지에서 뜻하지 않은 벗을 만난 것처럼 반가웠다.

유채꽃도 반가웠지만, 양귀비가 더 눈길을 사로잡았다. 아마도 우리 집 마당에 양귀비가 있어서이리라. 사진을 찍어 보냈더니 우리 집 양귀비가 훨씬 더 예쁘다고 아내가 답을 보내왔다. 그러고 보니 그런 것 같다. 며칠 뒤 이번에는 길가에 홀로 서서 흐드러지게 꽃망울 터뜨리고 있는 사과나무를 찍어 보냈다. 역시 같은 답

양귀비와 유채

양귀비

사과나무

장이 왔다. 예쁘긴 하지만 우리 집 마당의 사과나무만 못하다고. 그러고 보니 아내의 말이 맞는 듯하다.

사실 마당에 있는 꽃이 정말로 더 예쁜지 여부는 중요하지 않다. 아전인수(我田引水)일지라도, 이 또한 인지상정(人之常情)일 터이니, 엄연한 '사실'이다. 까미노는 꽃길이다. 나무에도 풀에도 꽃들이 가지각색으로 피어 있다. 수많은 꽃들 중에 양귀비와 사과나무 꽃이 유독 눈길을 끌었을까? 마당에서 보아왔던 까닭이리라. 다시 말해, 나와 직접 관련이 있기에 마음이 갔을 게다. 우리 마당의 꽃이 더 예쁘게 느껴지는 것도 당연하다. 아내가 시간과 힘을 투자하여 정성껏 가꾸고 있기 때문이다.

마당의 양귀비

우리는 너무나 자명한 사실을 가끔은 잊고 산다. 세상에 원래 특별한 것이 존재하는 게 아니다. 우리가 관심을 두고 관계를 맺으면 바로 특별해지는 것이다. 특별하기 때문에 좋아하는 것이 아니라, 좋아하기 때문에 특별해진다는 말이다. 아름다움도 마찬가지다. 아름답기 때문에 좋아하는 것이 아니라 좋아하기 때문에 아름다워진다는 말이다. 이런 의미에서 우리 마당에 핀 양귀비가 더 예쁘다는 아내의 말은 지당하다. 부풀려 이야기하자면 이것이 바로 인생인지도 모른다. 평범한 일상을 특별한 삶으로 탈바꿈시키는 게 인생이라면, 그러한 인생을 살 수 있다는 게 바로 놀라운 축복이자 기적일 터이다.

S9

밀밭과 바람

오늘(D11)도 한없이 밀밭이 펼쳐지고 있다. 벌써 며칠 째이다. 속을 탁 트이게 하는 멋진 경치라는 환호성이 사라진 지 오래다. 멋지다는 느낌마저 시들해질 뿐만 아니라 이젠 지루할 지경이다. 평소 밀가루 음식을 즐겨먹지 않은 탓인지 밀을 보아도 특별한 기억도 없고 새로운 감흥도 일어나지 않기에 더한 것 같다. 마치 <어린왕자>에 나오는 여우의 말처럼 멋진 경치에도 아무런 감흥이 없다는 것은 슬픈 일이다. 그래도 여우는 금발의 어린왕자를 알게 되어서 다행이다. 이제 잘 익은 밀밭을 보면 어린왕자가 연상되어 아름답고 행복해질 터이니 말이다.

드넓은 밀밭 너머로 전기를 만드는 풍차가 줄을 지어 서있다. 그러고 보니 요 며칠 유달리 바람이 많이 불고 있다. 다시 곰곰이 보니 밀밭이 지루할 정도로 한결같은 게 아니다. 바람에 물결을 일으키고 있다. 살랑 바람엔 고운 물결이, 센 바람에 거센 물결이

밀밭과 풍차

일렁인다. 또 키 큰 밀은 높은 물결을, 작은 밀은 낮은 물결을 출렁대고 있다. 바람결 따라 때로는 왼쪽으로 때로는 오른쪽으로 쏠리고 있다. 시시각각, 이 밭 저 밭 각각 다른 모습으로 물결치고 있다.

"아! 바람이 밀을 키우고 있나? 어! 어디서 보았던 시구 같은데."

농부 시인으로 우리에게도 잘 알려진 도연명(陶淵明)의 시 한 수가 생각난다. <계묘년 초봄에 농막에서 회고하다(癸卯歲始春懷古田舍)>라는 시인데, 제목만큼 제법 긴 시 가운데 다음 두 구는 바로 지금의 광경을 묘사하고 있는 듯하다.

平疇交遠風　　평평한 밭엔 멀리 온 바람 교차하고,
평 주 교 원 풍

良苗亦懷新　　좋은 싹들 역시 새 기운을 느끼누나.
양 묘 역 회 신

바람과 밀밭

도연명이 읊고 있는 싹은 아마도 밀이 아니라 벼이겠지만, 저 먼 곳으로부터 또 저 태고(太古)로부터 불어오는 바람에 벼 싹들이 물결치며 자라고 있는 모습이 눈앞에 선명하다. 얼핏 평범해 보이지만 음미할수록 잔잔한 감흥이 인다. 청(淸) 나라의 유명한 평론가는 다음과 같이 평하고 있다.

"만약 어떤 사람이 '도공의 시 중에 어떤 구절이 가장 아름다운가요?'라고 묻는다면 나는 '평평한 밭엔 멀리 온 바람 교차하고, 좋은 싹들 역시 새 기운 느끼누나.'라고 할 것이니 또한 한 순간 흥이 인 것이다."

머리로 짜내서 쓴 것이 아니라 몸에서 절로 우러나왔기에 최고의 구절이라는 평이다. 도연명이 직접 농사를 짓지 않고 그저 지나가는 과객이었더라면 바람이 곡식의 싹을 키우고 있다는 사실을 느끼기 어려웠으리라. 덕분에 나도 들판의 묘미를 맛보게 된 셈이다.

도연명의 시구를 읊조리며 밀밭을 보니 이제 지루하지가 않다. 엄마의 손길에 까르르 웃는 아이처럼, 밀밭이 춤을 추고 있는 모습이 느껴지기 때문이다. 심지어는 엉뚱한 생각마저 할 정도로 여유로워진다.

"가만, 그런데 저건 '바람결'일까? '밀결'일까?"

바람이 일으킨 무늬이니 바람결이라고 부르고 싶지만, 밀이 항의할 것 같다. 바람에 출렁이는 물을 물결이라 하듯이 '밀결'이라 불러야 한다고 말이다. 사실 이름이 뭐 중요하랴! 창조자나 조물주가 아닌 이상, 세상에 어느 것 하나 저 혼자인 것이 없거늘, 그저 밀밭과 바람이라 해두면 그 뿐이지.

S10

미 소

낯선 이국땅에서 낯익은 것과 해우하면 우선 반가운 법이다. 제비와 참새가 대표적인 사례이다. 지루할 정도로 들판을 걷다가 들어서는 마을은 그자체로 반가운데, 게다가 어김없이 제비와 참새가 반겨주니 마치 추억속의 고향에 들어서는 듯 고맙다.

"짹짹, 짹짹"

"지지배배"

순간 깜짝 놀란다. 우리네 새들이 여기까지 날아 왔나 싶어서다. 피식 웃는다. 그러면서 궁금해진다. 한국 새와 스페인 새가 만나면 통역이 필요할까? 아니겠지. 한두 차례 날개 짓하고 몇 번 지저귀면 통하겠지. 그것들은 다르지 않을 터이니 말이다. 최소한 내 눈과 귀에는 그렇게 느껴진다. 아마도 그것이야말로 태초의 언어이리라. 마치 모든 자물쇠를 여는 만능 열쇠처럼, 언제 어디서나 서로를 통하게 할 것 같다.

처마 밑 제비

까미노는 인종과 국적의 전시장이다. 피부 색깔은 물론이요 사용하는 언어도 제각각이다. 그러나 언제어디서나 누구와도 통하는 태초의 언어 같은 것이 인간에게도 있다. 그것은 바로 미소이다. 인간에게 미소는 만능 언어이다. 얼굴이 마주치면 그저 미소를 지으면 끝이다. 구태여 "안녕!" "니하오!" "곤니찌와!" "헬로!" "올라!" "봉주르!" 라고 말하지 않아도 된다. 헤어질 때도 마찬가지다. 처음 말을 걸 때도, 길을 양보할 때도, 음식을 권할 때도, 감사할 때도, 사양할 때도 언제나 미소만 지으면 된다. 미소를 모르면 까미노를 걸을 자격 자체가 아예 없다고 해도 과언이 아니다. 미소는 짓는 자에게도 보는 자에게도 힘을 준다. 미소를 모르는 길손은 기름 없는 자동차와 다를 바 없다.

좁은 비포장 시골길을 걷고 있을 때의 일이다. 코발트 빛 하늘과 초록 들판이 눈부시다. 그러나 옥에도 티가 있듯이, 너무 건조한 탓에 먼지가 인다. 자전거는 물론이요 발걸음에도 먼지가 날린다. 간혹 쌩하고 차가 지나면 연막 소독을 한 듯하다. 지친 다리를 끌면서 가고 있는데 멀리서 승용차가 달려온다. 순간 짜증이 난다. 하지만 생각을 바꿀 수밖에 없다.

"뭐, 사람만 다니라는 도로도 아닌데."

차라리 기분 좋게 맞자. 아예 손을 흔들며 미소를 지어본다. 어! 달려오던 차가 속도를 줄인다. 아니 거의 멈춰서 엉금엉금 기어온다. 그러더니 기사 아저씨가 차창을 다 내리고 나를 향해 똑같이 미소 지으며, "부엔 까미노!"라고 인사를 한다. 확실히 미소는 만능 언어인 듯하다.

미소

미소

미소라 하면 늘 떠오르는 그리운 친구가 있다. K군이다. 그 삭막한 고 3 시절, 우리 반 교실에는 웃음이 끊이지 않았다. 다 K군 덕분이었다. 그가 풀어놓는 유머는 언제나 배꼽을 쥐게 하였다. 항상 미소가 떠나지 않는 그 친구의 얼굴만 봐도 나는 기분이 좋았다. 그러면서 은근히 부러웠다. 참 유복한 가정환경을 갖고 있으리라 여겼던 까닭이다. 그런데 알고 보니 정반대였다. 부모님은 시장 한 구석 좌판에서 튀김 장사를 하시고, 대여섯 명이 되는 형제들이 손바닥만한 방 한 칸에서 우그려 살고 있는, 전형적인 '빈민'이었다. 너무나 뜻밖이어서 의아한 눈빛으로 그를 쳐다보니, 그가 그저 씩 웃었다.

"이런데 웃음이 나오니?"

"인상을 써서 친구들까지 우울하게 만들 필요 있니? 내가 웃어야 동생들이 웃어. 그리고 친구들도 즐겁고 나도 즐겁고 …"

참 고마운 친구였다. 나에게 소중한 깨달음을 준, 친구가 아니라 선생이었다. 까미노를 걸으면서 내가 오랫동안 미소를 잊고 지냈다는 사실에 놀랐다. K군이 생각나고, 그가 준 소중한 선물을 망각한 게 미안했다.

모든 색을 모으면 검정이 되고, 모든 빛을 모으면 하양이 된다고 한다. 그렇듯이 인간의 모든 소리와 표정을 모으면 미소가 되지 않을까? 한자로 어린 아이를 '아해(兒孩)' 또는 '해아(孩兒)'라 하는데, '해(孩)'는 방긋 웃는다는 뜻이다. 아이가 엄마를 인식하기 시작하면서 짓는 웃음, 그 미소야말로 태초의 언어임이 분명하다. 미소가 만능 언어가 될 수 있는 이유가 바로 이것이리라. 그것은 원래 인간의 모든 동작과 소리의 본원(本源)이기 때문이다.

갈수록 우리 주위에서 참새와 제비를 보는 게 어렵다. 자주 볼 수 있으면 좋겠다. 참새와 제비를 보면 까미노가 생각나고, 까미노를 생각하면 미소가 떠오를 터이니 말이다.

S11

낙 서

까미노는 낙서의 길이기도 하다. 빈 곳이 있으면 어디서나 쉽게 낙서를 만나게 된다. 건물의 벽이든, 길가의 광고판이든, 다리 아래의 교각이든 가리지 않는다. 까미노의 공식적인 표지인 돌 비석도 예외가 아니다. 대부분 낙서가 빼곡히 차지하고 있다.

낙서 벽

낙서 이정표

게 중에는 길손들의 즉흥적인 작품 규모를 넘어서는 대형 낙서도 있다. 스프레이 페인트를 이용해 낙서처럼 그린 그림으로 그래피티graffiti라고 부르는 것이다. 일종의 힙합문화로서 거리예술이라 부를 수 있을 터인데, 성스러운 순례 분위기에 색다른 볼거리를 제공한다. 커다란 벽면을 송두리째 화폭으로 삼고 있다. 빈 건물 벽은 물론이거니와, 대형 건물의 담장이나 교각 등 대형 화폭이 될 만한 곳이라면 대부분 그래피티가 차지하고 있다.

그래피티

그림 70

까미노가 모두에게 열려있듯이 낙서 역시 모두에게 열려있다. 타국에서 온 객도 있고, 물론 스페인 현지인도 빠질 리 없다. 흥미로운 것은 양자의 관심이 현저하게 다르다는 점이다. 어느 마을을 지날 때였다. 낯익은 캐릭터여서 유심히 보았더니 엉뚱한 기사(騎士) 돈 키호테와 그의 종자(從者) 산초 판사가 대화를 나누고 있다.

돈 키호테 왈 : 그래 일자리를 주마.

산초 판사 왈 : 근데요 재산을요, 나리, 재산을요.

쥐꼬리 같은 돈벌이를 주면서 선심 쓰는 돈 키호테, 그리고 실제적인 부를 나누어 달라는 산초 판사, 이런 실랑이가 어찌 스페인뿐이랴! 또 어느 마을 한 모퉁이에는 정치적 자주를 요구하는 낙서 아닌 낙서가 적혀 있다.

"우리가 결정하도록 하라. 우리는 신하가 아니다."

상대적으로 잘 산다는 서유럽도 경제와 정치의 문제로 갈등을 빚기는 마찬가지인 듯하다.

경제 관련 낙서

정치 관련 낙서

사실 낙서에 '진지하게' 주목하는 사람은 많지 않다. 낙서는 본질적으로 근엄함과 거리가 있는 법이다. 그것은 툭 던지는 유머나 농담 같아야 제격이다. 그렇다고 난데없는 것이어서는 안 된다. 모두의 관심사여야 한다는 의미이다. 까미노에서 최대 관심사는 무얼까? 낙서는 이렇게 적고 있다.

오로지 당신이 필요로 하는 것은?

A : 비행기

B : 기차

C : 자전거

… 도착하는 것

영어 낙서

정답은 물론 "도착하는 것"이다. 그 앞에 달팽이가 그려져 있다. 빨리 갈려고 애쓰지 말고 달팽이처럼 천천히 걸어서 무사히 도착하라는 의미이리라. 터벅터벅 걷고 있던 나 역시 피식 웃고 나니 힘이 난다.

한글 낙서도 종종 눈에 띈다. 당연히 반가워 꼼꼼히 읽는다. 타국에서 모국어를 읽는다는 자체가 우선 정겹다. 게다가 화제마저 토속적인 먹거리다.

"우리 모두 힘냅시다! 집에 가서 짜장면 먹고 싶어요."

"난 김치전+막걸리"

"족발"

"순대 국밥"

누군가가 말했듯이, 여행은 잊고 있던 그리움을 되찾기 위한 순례

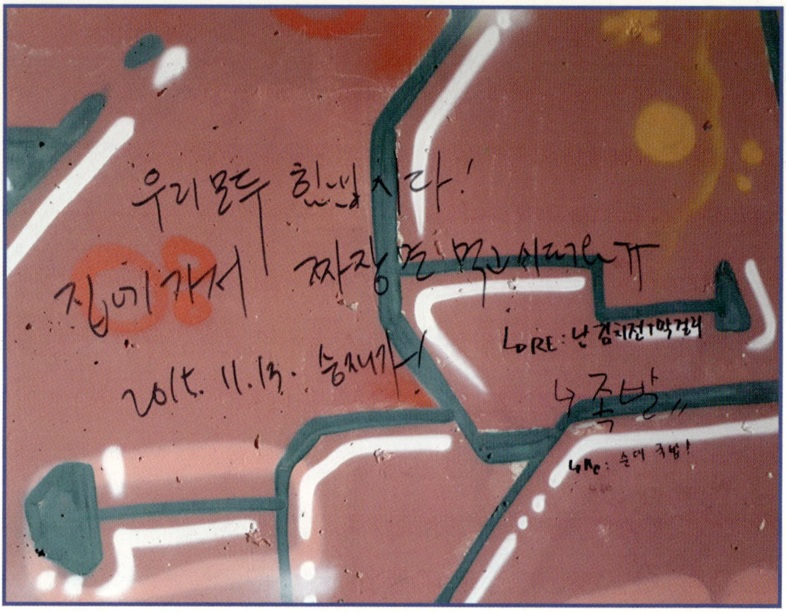

한글 낙서

일지도 모른다. 지루하다고 여겼던 일상들이 소중한 것임을 깨우쳤다면 그 여행은 이미 성공이리라.

"낙서가 좋은 것이에요, 나쁜 것이에요?"

라고 묻는다면 정말 부질없는 짓이다. 낙서는 낙서일 뿐이다. 원래 선악(善惡)의 구별이 있을 리 없다. 다만 누군가가 밝은 마음으로 적고 누군가가 밝은 마음으로 읽는다면 그것은 의젓한 '거리예술'일 터이나, 그 반대라면 그것은 '유언비어'나 '음담패설'이 될 터이다. 우리가 마음공부를 중시하는 소이가 바로 여기 있나 보다.

S12

육 교

아마도 육교를 좋아하는 사람은 많지 않을 터이지만, 나는 유별나게 싫어하는 편이다. 사전의 정의에 의하면, "번잡한 도로나 철로 위를 사람들이 안전하게 횡단할 수 있도록 공중으로 건너질러 놓은 다리"가 육교이다. 사람들의 안전한 횡단을 위한 다리인데 왜 싫을까? 나에게는 나름대로 그럴만한 이유가 있다.

까미노를 걷다보면 많지 않지만 그래도 육교를 건너야 하는 경우가 있다. 그럴 때마다 은근히 부아가 난다. 또 피곤한 다리로 계단을 오르내려야 할 뿐만 아니라 멀쩡한 빠른 길을 두고 멀리 돌아서 가기 일쑤이기 때문이다.

길고 지루한 메세타meseta(고원지대)를 물리도록 걸은 뒤 마침내 제법 큰 고장에 들어서게 되었다(D17). 고장 이름은 잊었다. 아니 기억조차 하고 싶지 않은지도 모른다. 멀리 언덕에 건물들이 보이기 시작하니 본능인양 걸음이 가볍고 빨라졌다. 어, 그런데 길이 이상하다. 멀쩡하게 뻗어가는 길 한복판에 차단 시설이 서있고, 그 너머에는 철책이 처 있다. 철책 안에는 철도가 안전하게 보호를 받으며 놓여있다. 길은 철로 곁으로 우회하더니 거대한 육교로 이어졌다. 빙빙 돌면서 한참을 올라갔다가 빙빙 돌아 한참을 내려왔다. 느낌으로는 수십 분이나 걸린 것 같다. 나는 그래도 맨몸이라 나은 편이다. 자전거를 들고 건너는 사람들이 투덜투덜 불평을 쏟아내는 데 비하면 말이다.

육교

아무튼 육교를 넘어왔다. 우회로를 따라 토막 났던 원래의 길로 다시 접어들었다. 길가에 서양 여성 한 사람이 주저앉아 있다. 신발을 벗고 바지를 걷어 올리고서 발과 다리를 연신 주무르고 있다. 괜찮은지, 내가 수신호를 보냈더니 엄지손가락을 들며 괜찮다고 답을 한다. 그러더니 저 육교를 가키며 엄지손가락을 땅에 꽂을 듯이 내린다. 한 번도 아니고 여러 번을. 그녀도 나 못지않게 몹시 짜증스러웠나 보다. 나도 엄지손가락을 높이 들었다 내리 박으면서 맞장구를 쳤다.

"사람을 위한 것이라고? 고속기차를 위한 것이지."

최소한도 저 육교에 대해서는 정의가 바뀌어야 할 것 같다. 고속기차의 안전운행을 위하여 행인을 불편하게 만드는 시설이라고.

혹자는 말하리라. 기차도 사람이 타는 것이라고. 물론 맞는 말이다. 틀림없이 기차는 '대중'교통 수단이다. 그렇지만 '대중' 또는 '다수'를 들먹이며 '행인', 즉 걸어야 하는 누군가를 쉽게 묵살해버리는 것 같아 싫다. 인류의 역사상 '다수'라는 이름의 광기가 저질렀던 만행이 어디 한둘이던가. 이 길은 어제 오늘에 생긴 것이 아니리라. 중세부터 수많은 순례자들이 걸으면서 다녀진 길일 터인데, '대중'을 위한답시고 이렇게 쉬 막아버리다니! 그런 게 '문명'이라면 나는 그런 문명은 정중하게 거절하고 싶다.

행인의 안전을 위한다는 구실 아래 실제로는 자동차의 안전한 운행을 도모하는 것이 육교이다. 행인을 불편하게 만드는 시설이라는 점에서 나는 본래부터 육교를 싫어했거늘, 저 '육교'는 해도 너무 하지 않았는가? 이런 볼멘 생각이 치밀어 올라 힘들게 도착한, 그 이름도 기억하기 싫은 고장을 나는 쉬지 않고 그대로 지나쳐 떠나 버렸다. 덕분에 나는 쪼르륵쪼르륵 허기 찬 배의 볼멘소리를 들어야 했다.

S13

대국(大國)

세계 각처에서 찾아오는 까미노는 마치 인종의 박람회장 같다. 피부색도 다양하거니와 국적도 각양각색이다. 그럼에도 불구하고 자연스럽게 서로 잘 어울린다. 예를 들자면, 러시아에서 온 하얀 피부의 젊은 여성은 브라질에서 온 검은 피부의 젊은 남성과 나란히 걷고 있다. 러시아 여성은 배낭에 장식용 팔찌와 목걸이를 주렁주렁 매달고 있다. 직접 만든 것으로 싸게 팔고 있다는 광고와 함께. 브라질 청년은 기타를 들고 노래를 부르며

러시아와 브라질 젊은이

걷고 있다. 언제 어떻게 만난 사이인지는 모르지만, 활기차고 다정한 모습이 보는 이를 즐겁게 한다.

까미노를 걷다보면 당연히 여러 나라 사람과 조우하게 된다. 처음 만나면 마치 공식이나 되는 것처럼 "어디에서 오셨어요?" 라고 서로 묻고 답한다. 그러면 그것이 어느 나라이든지 간에 "멋진 곳에서 오셨네요."라고 치켜 올린다. 단순한 인사치레만은 아니다.

최소한 국적을 갖고 거만을 떨거나 우열을 따지는 짓은 하지 않는다는 의미이다.

예외 없는 법칙은 없다고 했던가? 여기에도 유별난 국가가 있다. 그것도 둘씩이다. 하나는 미국이고, 다른 하나는 중국이다. 마치 G2임을 과시하려는 것 같다. 한 미국인을 만났을 때이다.

"안녕하세요? 나는 한국 사람입니다. 어디에서 오셨어요?"라고 물었다. 뭐라고 답을 하는데 알아들을 수가 없다. 처음 들어본 나라다.

"예! 어디라고요?"

"미국이라고요."

그가 처음 댄 것은 어느 도시 이름이었다. 그럴 수도 있겠지, 속으로 생각하는데, 옆에 있던 유럽 친구가 투덜댄다.

"세계가 전부 자기 나라인가? 아니면 미국이 특별한 나라인가? 어디서 왔냐고 물으면 꼭 도시나 지역 이름을 댄다니까. 중국인도 그렇더니만."

그러고 보니 그동안 만났던 미국인은 똑같았던 것 같다. 먼저 도시 이름 댔다가 못 알아들으면 그것도 모르냐는 듯이 미국이라는 이름을 대기 일쑤였다.

중국인도 마찬가지이다. 그들 역시 G2임을 알아달라는 투이다.

"안녕하세요? 나는 한국 사람입니다. 어디에서 오셨어요?"

"안녕하세요. 시안에서 왔습니다."

역시 도시 이름을 댄다. 중국어를 전공하고 있기에 물론 쉽게 그것이 중국 지명임을 안다. 그래도 거만한 끼가 느껴지면 일부러 되묻는다.

"예! 어디라고요."

"중국이라고요."

"예 그렇군요. 대만 아니고 대륙 맞죠."

이렇게 능청을 떨고 나야 기분이 풀린다. 이러한 나의 행동은 결코 내 속이 좁아서가 아니다. 앞서 언급한 유럽 친구도 이미 간

낙서 : 中國

파한 바이지만, 중국인의 도를 넘는 자긍심은 낙서에도 넘쳐난다. 낙서판에서 '中國'이란 글자를 찾는 것이 어렵지 않을뿐더러, 심지어는 공적인 표지판마저 버젓이 차지하고 있다.

자기 나라를 자랑스럽게 생각하는 것이야 누가 뭐라 하겠는가? 그런데 듣는 이를 불편하게 할 정도라면 그것은 '자긍심'이 아니라 잘못된 '거만'일 터이다. 게다가 최근 중국과 미국의 국가 지도자가 이를 부추기고 있으니 더욱 우려스러울 뿐이다.

"큰 나라일수록 응당 겸손해야 한다.(61장)"라는 사실을 일깨우던 노자(老子)가 생각난다. 왜냐하면 "자애를 버리고 용감하게 굴면 죽게 되는 법(67장)"이기 때문이다. 이러한 생각은 서양이라고 다를 리 없다. 한 그리스의 시인은 이렇게 말했다고 한다.

"신이 없애버리고 싶은 사람이 있을 때 신이 맨 먼저 그 사람에게 주는 것이 자만심이라네."

어디 개인뿐이랴, 나라도 마찬가지겠지. 문득 심술궂은 생각이 치밀어 오른다.

"신이여, 그렇게 되도록 하옵소서."

그러다가 생각을 바꾼다.

"그러기 전에 제 잘못을 깨닫게 하소서."

무고한 민초(民草)가 걱정되기 때문이다.

S14

표 지

산띠아고 까미노에서는 길을 잃어버릴 염려가 없다는 말을 한다. 도처에 산띠아고로 가는 길을 가리키는 표지가 있는 덕분이다. 또 설사 길을 잃더라도 걱정할 필요가 없다는 말도 한다. 배낭을 멘 채로 해매고 있으면 누군가가 먼저 알아보고 길을 일러주기 때문이다.

표지는 다양하여 그 자체로 하나의 볼거리다. 가리비 문양과 노랑 화살표 아래에 남은 거리를 친절하게 적어 놓은 작은 비석 모양의 표지가 가장 일반적이지만, 노란색으로 벽에다 화살표나 조가비를 그려놓은 것도 있다. 또 고장마다 특색 있는 표지를 디자인하여 세우는가 하면, 걷기 편하라고 노상의 돌을 모아 화살표로 만들어 놓은 것도 있다.

단순한 이정표 이외에 각종 조형물 역시 길 안내와 더불어 볼거리를 제공한다. 까미노의 주인공인 순례자를 조각한 작품들이다.

이정표

돌 화살표

돌이나 쇠붙이로 된 것부터 나무로 된 것까지 재질도 다양하다. 중세 기풍의 전통적인 순례자가 있는가 하면 우주를 걷는 로봇 모양도 있다. 이목구비가 뚜렷한 구상(具象)이 있는가 하면 알쏭달쏭 알아보기 힘든 추상(抽象) 조형도 있다.

중세 순례자 상

첨단 순례자 상

구상 순례자

추상 순례자

아무튼 이처럼 이정표이든 조형물이든 각종 표지가 몇 백 미터가 멀다하고 즐비하니 까미노에서 길을 잃을 염려가 없다. 그럼에도 불구하고 나는 두 번이나 길을 잃고 한참을 해맨 적이 있다. 한번은 새벽 들판(D8)이었고 한번은 대낮 도심(D19)이었다.

아직 어렴풋한 새벽 들판을 걷고 있었다. 헤드라이트도 없이 걷다보니 길을 잘못 들까 내심 걱정이 될 수밖에 없었다. 그런데 저 앞에 두 여성이 걷고 있었다. 반가운 마음에 인사를 건네고 함께 걸었다. 날은 천천히 밝아지고 있었다. 문득 먼저 가고 싶은 욕심이 생겼다. 앞서 나갔다. 이왕이면 더 빨리! 신나게 걷는데 뭔가 이상했다. 아무리 둘러봐도 인기척이 없었다. 표지를 지나치고 만 것이다. 되돌아갔더니 지나쳐 온 표지에 화살표가 반대 방향을 가리키고 있었다.

이번에는 대낮이지만 도시의 거리를 걷고 있었다. 폰페레라다Fonferrada라는 산업도시이다. 여느 도시와 마찬가지로 거리에는 각종 정보를 전달하는 광고물이 넘쳐났다. 물론 까미노 표지가 없는 것은 아니지만, 도심의 번잡함에 묻혀 잘 눈에 들어오지 않았다. 처음에는 그럭저럭 버텼지만 결국 표지를 놓치고 말았다. 이후 행인에게 물어가며 간신히 시내를 빠져 나왔다. 볼거리가 많은 곳이지만 아무 것도 제대로 보지 못하고 시간과 발품만 허비하고 말았다.

한번은 날이 어렴풋해서, 한번은 도심이 너무 복잡해서 길을 잃었다고 나는 나 자신에게 핑계를 댔지만, 실은 다 제 잘못이다. 그 근저에는 지나친 자신감이 도사리고 있었던 탓이다. 내가 걷고 있는 까미노는 동에서 서로 반듯하게 뻗어 있으니, 오전에는 해를 등지고, 오후에는 해를 안고 가기만 하면 된다고 나는 자신하고 있었던 터였다.

그러니 나는 나의 '자신감'에게 명한다.

"앞으로는 표지를 잘 볼 것!"

그랬더니 자신감이 볼멘소리를 한다.

"표지만 잘 보면 되남? 실제로 잘 걸어야지."

물론 표지를 잘 보는 것으로 다 되는 것은 아니다. 그것은 시작에 불과하다. 그것은 방향을 지시하는 외형일 뿐이다. 실제로 가야 할 거리를 좁혀주지 못한다. 그 거리는 걷는 자의 속도와 시간에 비례하고, 또 그것들은 온전히 내면의 몫이기 때문이다. 그렇다면 나는 나의 자신감에게 다시 명할 수밖에 없다.

"자신감을 잃지 말되 표지도 잘 볼 것!"

S15

부정(不淨)

인간만큼 가리지 않고 먹는 동물은 없을 터이지만, 어디나 언제나 똑같은 것은 아니다. 특히 종교나 민속과 관련지어 먹어서는 안 되는, 즉 부정한 것이 정해지는 경우가 많다. 구약성경 레위기를 보면, 여호와가 모세에게 정한 짐승과 부정한 짐승을 다음과 같이 이르고 있다.

> 이스라엘 자손에게 말하여 이르라 육지의 모든 짐승 중 너희가 먹을 만한 생물은 이러하니 모든 짐승 중 굽이 갈라져 쪽발이 되고 새김질하는 것은 너희가 먹되 새김질하는 것이나 굽이 갈라진 짐승 중에도 너희가 먹지 못할 것은 이러하니 … 토끼도 새김질은 하되 굽이 갈라지지 아니하였으므로 너희에게 부정하고 돼지는 굽이 갈라져 쪽발이로되 새김질을 못하므로 너희에게 부정하니 … 물에서 움직이는 모든 것과 물에서 사는 모든 것 곧 강과 바다에 있는 것으로서 지느러미와 비늘 없는 모든 것은 너희에게 가증한 것이라 … 무슨 피든지 먹는 자가 있으면 내가 그 피를 먹는 그 사람에게는 내 얼굴을 대하여 그를 백성 중에서 끊으리니(레위기 11:1-17:1)

이렇게 장황하게 성경을 인용하는 이유는, 까미노에서 즐겨먹는 음식들이 위에서 말한 부정한 것들과 너무 같아 충격이었기 때문이다. 세계적으로 유명한 하몽이 바로 돼지고기로 만든 생 햄이거니와, 돼지고기가 소고기 못지않게 즐겨 상에 오른다. 정육은 물론 각종 부위를 다 먹는다. 동네 바에 가면 돼지 귀, 내장, 족발 안주를 쉽게 볼 수 있고, 식품가게에서도 판매하고 있다. 피를 재료로 하는 순대도 즐겨 먹는다. 게다가 토끼고기도 즐겨 먹는지 식료품점 진열대에 당당하게 자리하고 있다. 지느러미와 비늘이 없는 오징어나 문어도 즐겨먹는다. 특히 문어는 까미노의 대표적인 메뉴로 꼽힐 정도이다.

문어 요리

오징어 튀김

돼지 귀

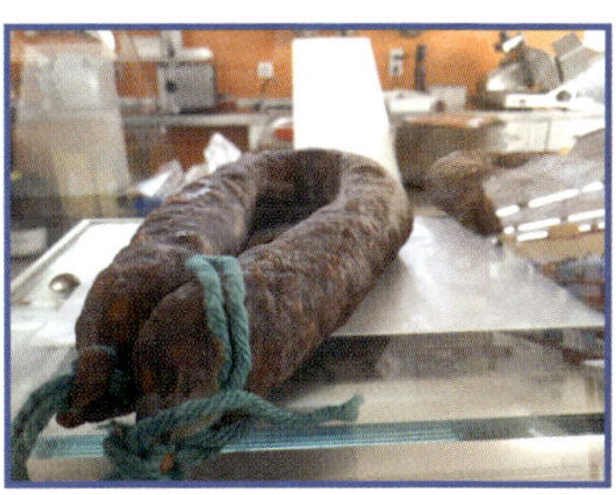
순대

돼지 족발

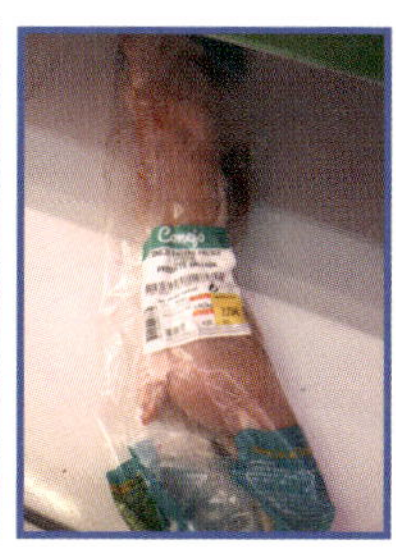
토끼(conejo)

하몽과 토끼고기로 이루어진 순례자 정식을 먹던 날(D18), 산꼭대기 마을에서 문어 요리를 먹던 날(D20), 구약성경에서 말한 부정한 음식을 보면서 퍽이나 궁금했다. 스페인은 전형적인 기독교 국가라던데, 부정한 것들을 이렇게 즐겨 먹다니, 의아했던 것이다. 이 때 신약성경의 한 대목이 생각났다. 물론 예수의 말씀이다.

> 입으로 들어가는 것이 사람을 더럽게 하는 것이 아니라 입에서 나오는 그것이 사람을 더럽게 하는 것이니라(마태복음 15:1)

부정한 것을 먹지 말라는 모세의 계율을 두고 한 말은 아닐지라도, 입으로 들어가는 음식이 사람을 더럽히지 않는다고 했으니, 이를 따른다면 "부정한 음식이 따로 있을 리 없겠구나"라고 고개를 끄덕였다. 스페인 사람들도 그렇게 생각하겠지. 아마도 하나님은, 모세 때의 인간과 예수 때의 인간이 처한 환경이 서로 다르기에, 모세와 예수에게 각각 다르게 말씀하셨으리라. 마치 아이가 자라면 아버지께서 당부하는 말씀이 달라지듯이 말이다. 나는 그렇게 생각하며 '부정'한 음식을 맛있게 먹었다. 물론 '부정'한 말은 입 밖으로 내뱉지 않겠다는 다짐도 잊지 않았다.

식사를 마치는 순간, 또 다른 의문이 떠올랐다. 스페인 사람들은 자신들이 기독교인임을 드러내기 위해 무슬림 앞에서 하몽을 즐겨 먹었다는 말이 있는데 사실일까? 무슬림은 왜 돼지고기를 먹지 않을까? 혹 하나님이 무슬림이 처한 환경을 고려해서 다시 돼지고기를 먹지 말라고 다시 명하신 것은 아닐까?

S16

스테인드글라스

스테인드글라스가 이렇게 매력이 있는 줄을 몰랐다. 레옹의 대성당에 도착한 날(D16)이었다. 너무 이른 아침 서둘러 온 탓에 대성당의 문이 열리려면 1시간 이상을 기다려야 했다.

"그냥 가버릴까? 성당이 다 거기서 거기겠지."

외부나 한번 둘러보고 출발할 작정으로 대성당을 구경하기 시작했다.

"어! 저것이 뭐지?"

웅장한 돌 벽에 낡은 가죽 같은 것이 붙어있었다.

"아! 스테인드글라스구나. 레옹 대성당은 저것이 유명하다지."

차 한 잔을 마시며 차분히 기다리기로 했다. 지루한 기다림 끝에 대성당에 들어섰다. 기다리기를 참으로 잘했다. '성스러운 아름다움!' 한 마디로 그 자체였다.

대성당 외부

대성당 내부

서둘렀던 마음이 싹 사라졌다. 성당 모퉁이 바닥에 털썩 주저앉을 수밖에 없었다. 무색의 햇빛을 저렇게 아름답고 눈부시게 바꿔 놓다니, 굉장하다는 감탄사가 절로 나왔다. 밖에서 보면 허름한 가죽 같은데 안으로 영롱한 빛을 한 아름 가득 안고 있다니, 이것이야

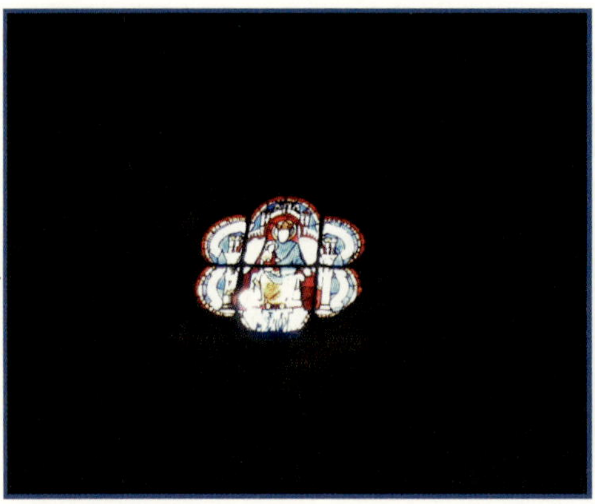

스테인드글라스

말로 노자(老子)가 추구하는 '피갈회옥(被褐懷玉)'의 세계가 아니랴!

일어날 수가 없었다. 그 빛은 흔히 보는 세상의 빛이 아닌, 신비한 어떤 것으로 내게 다가왔기 때문이다.

> "하나님이 이르시되 빛이 있으라 하시니 빛이 있었고"
>
> (창세기 1장 3절)

그렇다. 그 빛은 바로 하나님이 천지를 창조할 때의 빛이자 말씀이라고 여겨졌던 것이다. 스테인드글라스는 마치 레이더처럼 태초의 빛과 말씀을 허공으로부터 붙잡아 성당 안으로 보내주고 있는 것 같았다.

우리나라 절집의 단청(丹靑)이 생각났다. 스테인드글라스와 극명한 대조를 이루기 때문이다. 밖에서 보면 화려하지만, 절집 안에서 보면 아예 보이지도 않으니 말이다. 생각이 꼬리를 이었다. "일체유심조(一切唯心造)!"이라 했으니, 보아야 할 것은 '마음'이다. 만약 밖으로부터 무엇이든지 들어온다면 방해만 될 뿐이다. "색즉시공(色卽是空)"이라 했으니, 단청 역시 '공(空)'일 터, 밖에 그대로 있어야 한다. 선방(禪房)에 들어오면 그 또한 망상(妄想)을 부를 따름이다.

단청과 견주어 보니, 스테인드글라스가 성당에 그렇게 안성맞춤일 수가 없다. 하나님의 빛과 말씀을 허공에서 붙잡아 성당 안으로 들어오게 하는 레이다이니 말이다.

S17

고마운 발

“그래, 투표는 하러 들어올 거지?”

“글쎄, 상황 봐서 …”

유럽으로 출발할 무렵, 국내에서는 초유의 사태가 전개되고 있었다. 현직 대통령이 영어(囹圄)의 신세가 되고, 차기를 겨눈 후보와 지지자들이 한껏 목소리를 높이고 있었다. 초미의 관심사인 만큼 친구들은 내가 당연히 서둘러 귀국할 것이라 여기는 모양이었다. 비행기 표야 물리고 수수료 좀 내면 되니 사실 문제될 것이 없었다. 일정이 순조롭고, 마음만 내킨다면 말이다.

처음 우려와 달리 까미노 걷기는 순조로웠다. 첫날 피레네 산맥을 무사히 넘은 후부터 자신감이 붙었는지 보폭은 날로 커지고, 걷는 거리도 늘어나고 있었다. 발바닥에 물집이 생겼지만 무시해

버렸다. 발목이 시큰거리기 시작해도 역시 그러다 좋아지겠지 하면서 넘겨 버렸다. 밤마다 지도를 펴고 일정을 짜느라 '머리'를 쓰면서 아울러 '지갑'을 점검할 뿐이었다. 머리 덕분에 여정은 순조롭고, 예상보다 저렴한 방값과 음식 값에 지갑은 묵직하게 여겨졌다. 발에 대한 생각은 조금도 한 적이 없었다.

결국 탈이 나고 말았다!

보름이 되어가는 날(D14), 무지하게 욕심껏 걸으면서 누적되어 왔는지 발목이 크게 화를 내는 것이었다. 기상하자마자 침대에서 내려와 발을 바닥에 대보니, 서기조차 힘들었다. 난감할 뿐이었다.

"아니 이럴수록 침착해야 돼!"

상황을 인지한 옆 침대의 스페인 친구가 인터넷을 검색하여 정보를 제공하자, 내 머리가 재빠르게 결정했다.

"그래 대도시 레온까지 버스로 이동한 다음, 거기서 욕조가 달린 호텔방에서 묵으며 약을 먹고 치료하자. 돈 좀 쓰지."

스페인 친구는 자신이 차고 있던 발목 보호대를 풀어서 한사코 건네주었다. 아울러 이 마을에는 버스가 없으니 이웃마을까지 걸어가야 한다고 일러주었다.

어렵사리 걸어 겨우 이웃마을에 도착했다. 그런데 일요일이라 버스가 운행하지 않는다고 한다. 기차역을 찾아갔다. 기차도 오후 늦게야 있다고 한다. 이쯤 되니 머리도 지갑도 아무 소용이 없었다. 처음으로 발에게 말을 걸었다.

"미안하다. 지금까지 다 네 덕에 왔는데 고마운 줄을 몰랐으니…. 미안하지만 조금만이라도 걸어줄래?"

무작정 기다리고 있느니 걷는 시늉이라도 해보자는 심정이었다. 그런데 신기하다. 걸어지는 것이었다. 뿐만 아니라 통증도 점점 줄어드는 것이었다. 발이 이렇게 고마울 수가 없었다. 나는 처음으로 발에게 진지하게 말을 건넸다.

"고맙다. 발아! 힘들지 않니? 좀 더 걸어도 될까?"

"물론 더 걸어도 되지요. 다만 너무 무리하지는 마세요!"

이렇게 나는 다시 내 발로 걸으니, 명실상부한 순례자로 거듭나는 듯했다. 그리고 이제는 결코 무리하지 않았다. 50분가량을 걸으면 꼭 10분가량을 쉬기로 한 것이다. 그러고 보니 이것은 평생 교단에서 내가 견지하던 시간 리듬이었다. 50분 강의에 10분 휴식! 30년 넘게 강의를 해오면서 발에게 고마워한 적이 있었던가? 역시 처음으로 소급하여 감사의 마음을 전했다. 티 한번 내지 않고 굳건히 버텨준 발에게.

그냥 쉬는 게 결코 아니었다. 먼저 신발과 양말을 벗고 나는 정성껏 맨발을 안마하며 감사를 표했다. 몸이 유연하였더라면 입맞춤을 해주었으리라.

"발아 고맙다. 좀 쉬었다가 가자. 조금만 더 걸어보자."

발도 분명 말을 알아듣나 보다. 신기하게도 힘을 내서 다시 걸어주는 것이었다. 나 역시 한시도 감사의 마음을 빠뜨리지 않았다. 숙소에 도착하자마자 제일 먼저 얼음찜질을 챙겼고, 잠자리 전에 정성껏 씻고 주물렀다.

남은 거리가 줄어들수록 나는 발의 고마움을 더 크게 느꼈다. 까미노 완주는 결코 '머리'와 '지갑'의 덕이 아니었다. 돌이켜 보니,

눈보라 속에서 산길을 한나절 걸었을 때나 인기척이라곤 조금도 없는 들길을 종일 걸을 때, '머리'도 '지갑'도 다 무용지물이었다. 그 난관들을 온전히 발의 덕분에 지나온 것이다. 발에게 거듭 약속했다.

"발아, 산띠아고 대성당에 도착하면 너에게 꼭 먼저 보여주마."
"발아, 대서양에 가면 너에게 꼭 먼저 보여주마."

물론 나는 그 약속을 지켰다(D26과 D+1). 맨발 사진을 찍고 있는 나를 이상하다는 듯이 쳐다보는 시선은 아무래도 상관없었다.

발아 보렴, 대성당을

발아 보렴, 대서양을

26일 동안 796km를 내 발은 걸었다. 예정보다 빠른, 5월 5일 '어린이 날'에 산띠아고 대성당에 도착했다. 대성당 출구 한구석에 조각 작품이 하나 놓여 있었다.

발!

신체 다른 부위를 다 잘라버리고 달랑 발만을 조각한 그 예술가

산띠아고 대성당 광장의 발 조각

는 나보다 내 마음을 더 잘 아는가 보다. 발 조각 앞에서 나는 한참동안 발길을 돌릴 수 없었다.

"완주를 축하한다. 예정보다 빨리 끝냈으니 여유 있게 투표할 수 있겠네?"

완주 소식을 듣고 친구가 보내온 메시지다.

"글쎄다, 잘난 체 하는 '머리'와 '지갑'들이 꼴도 보기 싫어서 …"

"무슨 소리하고 있는 거야? 머리는 뭐고 지갑은 뭔데."

"잔머리 잘 굴리는 사람들 있잖아? 그리고 돈 자랑 하는 사람들 있잖아?"

"갈수록 태산일세. 무슨 뚱딴지냐?"

"응, 쉽게 말해서 비행기 표, 안 바꿀 거야."

사족

까미노를 다녀온 지 반 년이 넘은 지금까지 단 하루도 발을 정성껏 씻지 않는 날이 없다. 얼굴보다 손보다 더 깨끗하게 씻는다. 앞으로도 그럴 작정이다.

S18

길

길의 모습은 다양하다. 땅위에 나 있는 이상, 지형을 따르기에 그만큼 다양하기 마련이다. 반듯하게 가는가 하면 구불구불대기도 하고, 올라가는가 하면 내려가기도 한다. 게 중에는 왼쪽으로 기우는가 하면 오른쪽으로 기우는 것도 있다.

길을 걷는다는 것은 땅위를 걷는다는 말과 같다. 땅의 모습이 다양한 만큼 다양한 길을 걷기 마련이다. 만약 곧고 평탄한 길만을 고집한다면 그것은 억지이다. 만약 그런 길이 있다면 그것은 이미 사람이 걷는 길이 아니다. KTX 철도를 보라. 어떤 지형이든 아랑곳 않고 '시원스럽게' 뚫고 뻗어있지만, 그 무지막지한 길은 더 이상 사람이 '걷는' 것이 아니다. 짐처럼 사람을 '실어' 나를 뿐이다.

산띠아고 까미노 800km는 참으로 다양한 길로 이루어져 있다. 마을과 도시를 지나기도 하지만, 대부분은 산길과 들길로 이루어져 있다. 오르락내리락 하고 구불구불하기는 산길이 심하다. 그래

들길

서 상대적으로 걷기 힘들지만 볼거리는 더 풍부하다. 들길은 걷기에는 편하지만 밋밋하여 단조롭다. 하지만 전체적으로 보면, 까미노 길은 굽음(曲)과 곧음(直), 그리고 오르막(昇)과 내리막(降)이 섞여서 다양한 볼거리를 제공하므로 지루할 틈이 그리 많지 않다.

지루할 무렵이면 사색에 잠기면 된다. 길을 걷지만 말고 길을 생각해보는 것이다. 길은 그 자체가 우리의 삶을 고스란히 닮고 있으니 말이다. 곧은 길은 빨리 갈 수는 있지만 단조로워 재미가 없는 반면, 굽은 길은 더디 가지만 보이지 않는 저 너머가 궁금하여 발걸음이 가벼워진다. 그러기에 곡직(曲直) 불문하고 길은 걸을만한 것이다.

승강(昇降)도 마찬가지다. 오르막길은 힘들고 더디지만 오를수록 시야가 넓어지는 반면, 내리막은 편하고 빠르지만 내려갈수록 시야가 막혀 답답해진다. 게다가 오르막길이 있으면 내리막길이 있고, 내리막이 있으면 오르막이 있는 법, 길의 승강(昇降)에 일희일비(一喜一悲)할 것 없다.

경사가 급한 오르막일수록 몸은 앞으로 숙여지고, 반대로 가파르게 내려가는 길에는 자연히 몸이 뒤로 젖혀진다. 몸의 균형을 잡으라는 '자연의 법칙'이다. 이 또한 인생의 이치가 아닌가? 높아질수록 머리를 숙여 자신을 돌아보고, 낮아질수록 고개 들고 멀리 보아야 하는 우리 인생사와 다를 바 없다.

길은 언제나 마을로 통한다. 길이 아무리 지루하게 이어져도, 사람이 사람에게 오가기 위해 만들어진 것이기에, 그 끝자락에는 언제나 크고 작은 마을과 고장이 기다리고 있다. 곡직과 승강을 불문하고 말이다.

한시(漢詩)를 보면 <행로난(行路難)>이라고 제목을 단 작품이 많다. 여기서 '행로'는 사람들이 다니는 길이자 인생을 비유하는 말이다. "가는 길이 힘들다"는 뜻이자 "인생살이가 어렵다"는 뜻이기도 하다. 나는 까미노를 걸으면서 역발상을 했다. 굽은(曲) 길은 아기자기해서 좋고, 곧은(直) 길은 편해서 좋다. 오르막(昇)은 벅차서 좋고, 내리막(降)은 빨라서 좋다. 이렇게 생각하니, 곡직과 승강을 불문하고 행로가 즐거워졌다(樂). <행로'난'>이 아니라 <행로'락'(樂)>이 된 것이다.

길의 끝자락 마을

그러나 까미노의 모든 길이 다 즐거운 것만은 아니었다. 가장 짜증나는 것은 자동차도로에 부설되어 있는 길이다. 너무나 반듯하고 평평하게 만들어졌지만 결코 편하지가 않다. 위협적으로 지나가는 자동차가 우선 질색이거니와, 배수를 위한 경사도 신경질난다. 사실 왼쪽이든 오른쪽이든 한쪽으로 기울어진 길을 오래 걷다보면 온 몸이 뒤틀리는 느낌이 든다. 대부분 도시의 길들이 다 그렇다. 인도(人道)라고 설치되어 있지만, 차의 통행을 위해 곳곳이 끊겨 있으니 사람보다 차가 우선인 듯하다. 게다가 배수를 위해서인지 인도는 좌(左)든지 우(右)든지 한쪽으로 상당히 기울어져 있다. 이런 길은 여전히 '행로난'이다.

그러므로 마지막으로 나는 했던 말을 조금 수정할 수밖에 없다. 곡직과 승강을 불문하고 모든 길이 <행로'락'>이다. 다만 좌우(左右)로 치우친 길은 예외이다. 좌든 우든 기울어진 길은 행인의 몸을 뒤틀기 때문이다. 그래서인지 나는 우파니 좌파니 하는 말마저 싫어진다.

차로 부설 인도

기울어진 길

S19

신 발

까미노를 걷기 위해 짐을 꾸릴 때, 크게 신경 쓰이는 것 중의 하나가 신발이다. 답은 간단하다. 당연히 길의 상태에 따라, 또 날씨의 여하에 따라 적절한 신발을 고르면 된다. 문제는 걸을 길이 너무나 길기에 온갖 길이 다 있다는 것! 산길, 들길, 물길, 낙엽 길, 아스팔트길, 자갈길, 흙길 등등. 게다가 날씨마저 변화무쌍하다고 하니 여간 결정하기가 쉽지 않다. 등산화, 운동화, 트레킹화, 샌들, 장화 … 두루 가져갈 수만 있다면야 오죽 좋으랴마는 이 또한 짐이니 그럴 수도 없다. 망설임 끝에 가벼운 등산화와 실내용 샌들을 준비했다.

첫날부터 1,000미터가 훌쩍 넘는 산맥을 넘었거니와, 그 뒤로도 두 차례나 비슷한 높이의 고산을 넘었다. "등산화를 신지 않았다면 어쩔 뻔 했어?" 하는 말이 절로 나온다. 특히나 가파른 비탈길이나 뾰쪽한 자갈이 널브러진 언덕길을 걸을 때는 발목을 감싸주

험한 비탈길

자갈 언덕길

진눈개비 흙탕길

는 묵직한 등산화가 든든하기 짝이 없다. 변덕이 심한 날씨에 말짱하던 길이 진눈개비로 흙탕물로 변해도 방수가 잘 된 등산화라 끄떡없다.

물론 등산화가 언제나 좋은 것은 아니다. 중세 도시를 지나노라면 세월의 발길에 닳아져 윤이 나는 돌길을 걷게 되는데, 이 때 등산화는 어울리지 않은 꼴불견이다. 차라리 맨발로 걷고 싶어진다. 낙엽이 깔린 숲길도 마찬가지이다. 어디 신발뿐이랴! 훌훌 다 벗어던져버리고 알몸으로 삼림욕이라도 하고 싶어진다. 메세타 meseta라고 불리는 고원 지대를 지날 때도 마찬가지이다. 광야를 가로지르는 들길은 서너 시간이 지나도 밋밋하게 이어지기 일쑤인데 이때 등산화는 발길을 무겁게 만들어 거추장스럽다. 그래서 등산화를 벗어 배낭에 대롱대롱 메달은 사람이 한둘이 아니다. 나도 따라 해본다. 등산화 대신 샌들을 꺼내 신었다. 발이 가볍다. 날 것 같다. 그런데 한참 걸었더니 발이 가볍다는 느낌은 간데없고 등이 무거울 뿐이다. 게다가 얄팍한 샌들이라 발바닥이 아파온다.

맨발로 걷고 싶은 돌길

맨발로 걷고 싶은 숲길

아무튼 숙소인 알베르게에 도착하면 맨 먼저 신고 온 신발을 벗어야 한다. 신발은 실내 출입 금지다. 어느 알베르게나 숙소 밖에 신발장이 설치되어 있다. 신발장에는 신발 가게인 양 각종 신발들이 놓여 있다. 저들도 나처럼 어떤 신발을 선택할까 갈등했으리라. 등산화를 벗어 신발장에 넣을 때마다 미안한 생각이 든다. 마치 타고 온 나귀나 노새를 집밖이나 마당에 메어놓는 느낌이다.

"실컷 고생만 시키고 …"

신발장

세상사가 떠오른다. 실컷 고생만 할뿐이지, 아무도 돌보지 않는 사람이 어디 한둘이던가? 까미노를 걷노라면 길가에 얌전히 "놓여진" 신발을 어렵지 않게 본다. 나무에 매달아 놓기도 하고, 표지 비석 위에 얹어놓기도 하고, 큼직한 돌 위에 올려 놓기도 했다. 분명 한때는 열심히 신고 다녔었지만 어느 순간 짐이 되었나 보다. 그렇게 얌전히 놓인 것은 그래도 괜찮은 편이다. 때로는 무더기로 "버려진" 것도 있다. 완전히 쓰레기 취급이다. 씁쓸하기 짝이 없다.

놓인 신발

버린 신발

산띠아고에 도착한 순례자들은 대부분 내친 김에 대서양 바닷가 마을 피니스떼라Finisterra까지 간다. 나도 예외가 아니다(D+1). 한때 대륙의 끝 또는 유럽의 끝이라고 믿었던 곳이다. 여기에 이르면 더 이상 갈 곳이 없어진다. 그러면 사람들은 신발을 태운다. 어떤 상징적 의미가 있는지 모르지만, "놓이고" "버려진" 신발을 적지 않게 보아왔던 터라 나는 서글픈 생각이 들 따름이다.

까미노에서 신발은 가장 중요한 이기(利器)이자 가장 거추장스런 짐이다. 길고긴 길, 변화무쌍한 날씨, 물론 여러 종류의 신발이 필요하다. 그러나 다 갖춘다고 능사가 아니다. 그만큼 거추장스런 짐이 되기 때문이다. 온갖 궂은 길을 걸어준 나의 등산화가 새삼 고맙고 소중해진다.

"왜 신발을 태워? 걸을 수 있는 한 신어야지. 닳아 없어질 때까지."

나는 정성껏 등산화에 켜켜이 싸인 먼지를 닦으며 다짐한다.

신발 화장터

고마운 등산화

S20

소국과민

까미노를 걷다보면 크고 작은 고장과 도시를 지나게 되는데 나는 작은 마을을 선호하는 편이다. 드넓은 들판 중간 중간에 만나는 작은 마을들이 노자가 이상향으로 제시한 소국과민(小國寡民)을 닮았기 때문이다.

> 나라를 작게 백성을 적게 하라. 설사 열 사람 백 사람을 거느릴 인재가 있어도, 쓰지 말라. 백성들로 하여금 죽음을 중시하여, 멀리 옮기지 않도록 하라. 비록 배와 수레가 있어도, 그걸 탈 곳이 없게 하라. 비록 갑옷과 무기가 있어도, 그걸 늘어놓을 곳이 없게 하라. 백성들로 하여금 다시 새끼를 맺어 그걸 쓰게 하라. 자신의 먹거리를 달게, 자신의 입을 거리를 아름답게, 자신의 사는 곳을 편하게, 자신의 습속을 즐겁게 여기도록 하라. 이웃나라가 서로 바라보고, 닭과 개 짓는 소리가 서로 들려도, 백성들은 늙어죽도록, 서로 오락가락 아니하게 하라.

소국과민은 어디까지나 이상일 뿐 현실과는 어긋난다고 여기는 사람도 많을 터이지만, 여전히 곱씹어볼 가치가 있다. 소국과민의 반대말은 부국강병(富國强兵)이고, 이는 노자의 시대 국가마다 내걸었던 구호였다. 농경을 근간으로 하는 사회에서 국가가 부유하려면 땅이 커야하고, 군대가 강하려면 백성이 많아야 했다. 그러므로 부국강병은 소국과민보다 그럴싸한 구호였다. 문제는 그것이 왕을 위시로 하는 소수를 위한 것일 뿐 다수인 백성들은 허울 좋은 구호아래 희생할 뿐이라는 점이다. 노자는 이를 꿰뚫어 보았던 것이다. 문명사회라고 자부하지만, 오늘날 우리 사회는 이런 혐의에서 자유로운지 나는 자주 묻곤 한다.

까미노에서 만나는 마을은 작더라도 보통 두 개의 교회가 있다. 마을 중심에 있는 큰 교회 이외에 마을 외곽에 작은 교회가 있는데 그 뒤에는 무덤이 자리하고 있다. 아마도 주민들은 살아서는 큰 교회에 함께 다니고, 죽어서는 작은 교회에 함께 묻혔으리라. 같은 믿음 안에 거하였을 터니 따로 법규나 계약 따위가 필요하지 않았을 것 같다. 결승(結繩)이라 불리는 '새끼 매듭'만 있으면 문자 따위는 없어도 좋았을 터이다. 치고 패며 싸울 일은 더더욱 없었으리라. 집집마다 승용차가 세워져 있을 뿐 바삐 오가는 모습도 보이지 않는다. 집안에서 가족끼리 도란도란 지내는지 인적이 드물다. 한적한 길과 골목은 닭과 개가 차지하고서 자유롭게 노닐고 있다. 노자의 소국과민을 보는 듯하다. 한마디로 문명의 이기(利器)가 없어도 잘 살 수 있을 것 같다.

홰치는 닭

활보하는 견공

걸음을 멈추고 아예 주저앉아 살고 싶을 정도로 아름다운 작은 마을들이 까미노에는 많지만, 그 중에서 하나를 꼽으라면 나는 아헤스Agés를 꼽는다. 너무 크지도 너무 작지도 않는 마을은 멀리서도 시선을 한눈에 사로잡는다. 어느 건물도 튀지 않게 크기도 빛깔도 어슷비슷하다. 오순도순한 마을 분위기를 고스란히 보여주고 있나 싶다. 그렇다고 현대판 주택단지처럼 획일적인 모습을 하고 있는 것은 결코 아니다. 실제로 마을에 들어서면 집집마다 나름대로 독특한 매력을 뽐내고 있다. 집마다 크고 작은 정원을 개성 있게 가꾸고 있다. 심지어 한 아저씨는 집밖까지 단장하느라 열심이다. 왜 담장을 그렇게 열심히 꾸미냐고 물었더니, 오가며 보는 사람이 기분 좋으라고 그렇단다. 그 말을 듣고 나니 마을이 더욱 예쁘게 보인다.

아헤즈 마을 원경

아헤즈 마을 근경

이 날(D9)은 감정이 극과 극을 달린 날이었다. 평화로운 마을 정경을 보고 있노라니 오는 길에 보았던 위령탑이 유령처럼 눈앞에 어른거린다. 프랑코 정권 시절 무고하게 총살된 300명의 원혼을 위로하는 탑이었다. 겨우 평온해졌던 마음이 다시 격해진다. 이 마을처럼 살면 되거늘, 무엇 때문에 같은 국민을 무참히 죽여야 할까? 정권이네 이념이네 하는 것들이 진정 '국가'와 '국민'을 위한 것이던가? 국가는 한갓 구두선(口頭禪)에 그칠 뿐 기실 그들의 관심은 늘 잿밥에 있는 것이 아니었던가?

만약 누군가가 내게 묻기를,

"국가가 부자인 나라와 국민이 행복한 나라 가운데 고르라면 어느 것을 택하겠어요?"

한다면,

"당연히 후자죠. 국민이 행복한 나라가 진정한 부자이니까요."

라고 답하리라. 겨우 10여 분이면 통과할 작은 아헤즈를 거듭 뒤돌아본다. '소국과민'을 그려보며 한참을 서성댄다.

S21

무릉도원

이십 일째 되는 날(D20), 산토끼 가족들이 산책하는 산길과 들길을 지나자 세월의 무게로 묵직한 고을이 나타난다. 마을에 들어서자마자 웅장한 성벽이 오랜 연륜을 과시하며 서있다. 그 연륜만큼이나 긴 이름을 가진 고장, 비아프랑카 델 비에르소Villafranca del Bierzo이다. 성당도 웅장하고, 공공건물도 거창하다. 위압감마저 느껴질 정도이다. 고을을 벗어나 뒤 돌아보니, 언제 그랬더냐 싶다. 멀리 조그맣게 보일 뿐이다. 위압감은 사라지고 동화 속 마을처럼 귀여워졌다.

고을이 멀어지면서 길은 점점 비탈길로 바뀐다. 아울러 물소리가 갑자기 우렁차게 들려온다. 작은 배를 띄울 정도로 많은 계곡물이 힘차게 흐르고 있다. 고개를 드니 저 멀리까지 산등성이가 이어지고 있다. 계곡이 무척 깊겠구나 하는 생각이 절로 든다. 저 많은 수량도, 저 우렁찬 소리도 가다보면 점점 줄어들고 작아지겠지.

동화 같은 마을

마침내 계곡물이 다하는 곳, 아니 물이 시작되는 곳(水源)이 나오겠지. 그러면 거기에 뭐가 있을까? 혹시 '무릉도원(武陵桃源)'이 나올까? 나온다면 어떤 모습일까?

주지하듯이 무릉도원은 도연명(陶淵明)의 <도화원기(桃花源記)>에서 유래한다. 그것은 노자(老子)의 이상향인 '소국과민(小國寡民)'을 문학적으로 형상화한 것이다. 무릉 사람인 한 어부가 복사꽃이 피어있고, 계곡물이 시작되는 곳(桃花源)에서 해후한 무릉도원은 전형적인 농경민의 이상향이다. 살짝 그 모습을 엿보자.

> 토지는 평평하고 넓으며, 집들은 가지런하여, 기름진 밭과 아름다운 연못과 뽕나무와 대나무 같은 부류들이 있다. 농로가 서로 통하고, 닭과 개의 소리가 서로 들려오는데, 그 안에서 사람들이 오락가락하여, 씨 뿌리며 밭 가는데, 남녀가 입고 있는 것이, 외부 사람과 같다. 노인과 어린아이가 나란히 기분 좋게 놀고 있다.

계곡이 깊은 것인지? 원래 무릉도원은 세상에서 멀리 떨어져 있어야 하는 것인지? 몇 시간을 걸어도 물소리는 별로 줄어들 기색이 없다. 어차피 가야할 길이니 서두를 필요가 없다. 마침내 한나절이 지나자 계곡물이 도랑으로 바뀐다. 물길은 작아져 점점 사라지지

육중한 공공건물

만 사람이 다니는 길은 여전히 길게 이어지고 있다. 곧 마을이 나온다는 징조이다. 마침 동구 밖으로 마실 나온 할아버지와 손자가 나를 마중하는 듯하다. 무릉도원이 멀지 않겠다. 드디어 보인다.

"소들이 풀을 뜯고 있는 풀밭!"

동양의 '무릉도원'에는 심어두면 제자리에서 얌전히 자라는 '식(植)'물이 있는 반면, 서양의 그곳에는 새 풀을 찾아 이리저리 뛰어다니는 '동(動)'물이 있는 것이다. '식'물을 키우는 사람들과 '동'물을 키우는 사람들은 당연히 다를 수밖에 없겠구나! 농경민과 유목민은 각기 자신들의 이상형이 있을 터이고, 각기 다른 이상형으로 가는 길도 물론 같지 않겠지. 뭔가 동서 문명으로 들어가는 작은 문 하나를 찾은 듯싶다. 그래서인지 오늘 내가 무릉도원을 찾은 어부가 된 기분이다.

목장

할아버지와 아이

S22

알베르게

하늘과 땅은 만물의 나그네를 맞는 것이요, (天地者萬物之逆旅)
빛과 그늘은 백대의 길손을 보내는 것이라. (光陰者百代之過客)
이백(李白)

산띠아고까지 걷고 나면 까미노 사무실에서 순례자 증명을 발부해준다. 이 때 끄레덴씨알credencial이라 부르는 순례자 전용 여권에 찍힌 숙소의 스탬프가 사실 여부를 확인하는 주요 근거가 된다. 어디서 출발하여 어느 코스로 왔던 간에 숙소에 묵기 마련이고, 그 숙소마다 독특한 문양의 스템프를 찍어주기 때문이다.

숙소는 다양하다. 가장 대중적이고 일반적인 공동숙소 알베르게albergue 이외에도 개별적으로 잘 수 있는 호스텔hostel, 호텔hotel, 팬션pension, 까사casa 등등이 있다. 그러나 까미노의 맛을 제대로 느끼려면 물론 순례자 전용숙소인 알베르게에 묵어야 한다. 알베르게는 크게 공립과 사립으로 구분할 수 있는데 나는 후자를 선호한다. "우리는 자원봉사자이니 많은 서비스를 기대하지 마세요." 또는 "우리에게 불평하지 마세요. 우리는 무보수 도우미입니다."라고 공립 알베르게에 붙은 공고를 본 뒤부터는 가능한 사립을 찾게 되었다.

공립보다 사립이 좋다는 사실은 사람을 씁쓸하게 만든다. 공동책임은 무책임이라는 말이 생각나서이다. 아무튼 시설도 사설이 더 편리한 경우가 보통이다. 손님 확보를 위해서 나름대로 최선을 다한 덕분일 터이다. 따라서 알베르게마다 각양각색이지만 골격을 이루는 구조는 한 가지이다.

열다섯 째 날(D15) 묵은 알베르게를 대표적인 예로 꼽을 만하다. 소박한 간판을 내건 출입문을 들어서면 작은 바를 겸한 접수대가 나온다. 접수를 마치고 들어서면 식당이 있어 식사를 제공한다. 단순하지만 그래도 여기까지는 주인이 오는 순례자를 정성껏 환대하는 공간이다.

출입문 : 입구

접수대 겸 바

식당

공동식당을 지나면 이제는 주인이 기본적으로 관여하지 않는 공간이 된다. 공동침실이다. 접수대에 배정해준 침대에 알아서 잠자리를 마련하고 자야한다. 그리고 다음 날 알아서 일어나 신발장이 있는 출구로 나간 뒤, 내려진 셔터를 올리고 출발하면 된다. 신발은 도착할 때부터 미리 출구에 가져다 놓은 바이다. 물론 주인은 내다보지도 않는다. 온전히 혼자 알아서 자고 떠나야 하는 것이다.

공동 침실

출구 신발장

출입문 : 출구

알베르게를 빠져 나올 때마다 이것이 바로 인생의 축소판이려니 하는 생각이 든다. 부모의 기대 속에 태어나 정성어린 보살핌 속에 성장하지만, 성인이 되고 나면 결국 혼자 알아서 살다가 이 세상을 떠나야 하는 우리네 삶을 고스란히 닮았다. 올 때는 반기는 사람이 있었지만, 가는 날을 아무도 모르니 누가 보내며 누가 반겨줄 수 있겠는가? 그래서 인생을 나그네 길이라 했던가?

이백(李白)은 우리가 현재 살고 있는 '하늘과 땅'이라는 공간을 '나그네를 맞는 곳'이라는 의미로 '역려(逆旅)'라고 했다. 쉽게 말하자면 나그네가 하룻밤 묵어가는 주막이나 여관이라는 뜻이고, 까미노로 말하자면 바로 알베르게이다. 지금의 '역려'를 떠나면 다음 '역려'가 있는 것인지, 있다면 어디에 있는 것인지, 이백은 알고 있었을까? 까미노에서는 오늘 '이' 알베르게를 떠나면 내일은 '저' 알베르게에서 자면 되는데 말이다.

S23

그림자

하늘과 땅은 만물의 나그네를 맞는 것이요, (天地者萬物之逆旅)
빛과 그늘은 백대의 길손을 보내는 것이라. (光陰者百代之過客)
이백(李白)

나그네는 그림자를 벗 삼는다는 말이 까미노에서는 정말 실감이 난다. 거의 날마다 구름 한 점 없이 유난히 짙푸른 하늘에서 태양이 눈부시게 빛난다. 스페인의 오렌지가 달고 단 이유이다. 그 빛으로 탄생하기에 까미노의 그림자는 유달리 짙고 윤곽이 뚜렷하다.

내가 선택한 까미노는 프랑스의 생장 피에 드 뽀호St. Jean Pied de Port에서 시작하는 코스로, 동에서 서로 거의 똑바로 이어진다. 그래서 그림자 역시 거의 똑같은 모습을 날마다 반복한다. 아침이면 앞으로 길게 늘어서 있다가 점점 짧아지고, 정오 무렵이면 발

그림자

아래 나란해지더니, 오후가 되면 다시 길어지면서 뒤로 늘어선다. 아침이면 그림자가 앞장서서 가자고 당기고, 오후가 되면 그림자가 뒤에서 밀어주는 듯하다. 달리 말하자면, 해가 뜨면 그림자가 알베르게에서 빨리 나가자고 재촉하고, 해가 저물기 시작하면 이제 그만 알베르게에 들어가라고 채근하는가 싶다.

무슨 소리냐고 할 법하다. "몸이 그림자를 만들지, 그림자가 몸을 부린다고?" 라고 하는 사람도 있을 터이다. 몸이 주(主)이고 그림자는 종(從)이라는 생각이겠지만 이 또한 틀린 말이다. 그림자는 오롯이 빛의 이면이니, 햇볕의 한 면일 뿐이다. 마치 손바닥도 손등도 손의 한 면인 것처럼 말이다. '빛과 그늘'은 이백의 말로 바꾸면 광음(光陰)으로 바로 시간이다. 그러므로 그림자는 시간과 동의어이다.

그림자

'하늘과 땅'이라는 공간도, '빛과 그늘'이라는 시간도 나그네를 맞이하고 보내는 것이니 이름만 다르지 실질은 같다. 요컨대 인생은 나그네라는 말이다. '하늘과 땅'이 공간적 여관이라면, '빛과 그늘'은 시간적 여관일 뿐이다. 그렇다면 그 나그네는 어디서 와서 어디로 가는 것일까? 아마도 이백은 장자(莊子)처럼 대자연에서 왔다가 대자연으로 돌아간다고 믿었을 터이고, 까미노를 신앙으로 걷는 대부분의 순례자는 "몸이 다시 사는 것과 영원히 사는 것을 믿"을 터이지만, 나에겐 여전히 숙제일 뿐이다. 서두르지 말자, 차츰 알게 되겠지. '지금'이라는 시간과 '여기'라는 공간을 우선 소중히 여기고 볼 일이다. 어찌되었던 '지금' '여기'는 분명 다시 오지 않을 터이니 말이다.

S24

먹거리

음식을 가리지 않고 먹을 수 있다는 것은 큰 복이다. 특히 해외 여행을 할 적에 현지 음식에 쉽게 적응한다면 복 받은 사람이다. 이 점에 있어서 나는 누구에게도 뒤지지 않을 자신이 있다. 일찍이 <논어(論語)>를 읽으면서 나는 공자(孔子)를 반만 닮아서 다행이라 자처한 바가 있다. 공자는 술에 대해서는 관대했다. 주정할 정도가 아니면 양을 따지지 않고 양껏 마셨다. 반면 음식에 대해서는 까탈을 피웠다.

"색깔이 나쁘면 안 먹고, 냄새가 고약하면 안 먹고, 익힌 정도가 맞지 않으면 안 먹고, 때가 아니면 안 먹고, 반듯하게 썰지 않으면 안 먹고, 제 양념장이 아니면 안 먹었다. <향당(鄕黨)>"

아마 공자가 해외여행을 한다면 굶주리기 십상이었을 것이다.

물론 나는 공자처럼 음식에 까다롭지 않다. 까미노를 걸으면서 나는 "순례자 정식" 또는 "당일 정식"을 다짜고짜로 시킨다. 돼지고기, 소고기, 닭고기, 생선, 채소 등등 재료가 무엇이든지 또 조리법이 어떠하든지 상관없다. 레스토랑이나 알베르게 식당에서 그날그날 제공하는 특별 메뉴치고 나쁜 적이 별로 없을 뿐더러, 특이한 음식일수록 더 도전해 보고 싶어지기 때문이다. 이 점에서 나는 공자와 판연히 다르다. 반면 "정식"에 곁들어 나오는 포도주는 반 병이든 한 병이든 주는 대로 남김없이 마시니 이 점은 공자와 같다. 때로 현지인이 가는 동네식당이나 바를 일부러 찾아가, 현지에서 가장 즐겨먹거나 특색 있는 것으로 주문해 먹을 정도이다.

생선 요리

오징어먹물 밥과 포도주

이렇듯 여행을 하면 그 지방의 음식을 먹어야 한다는 것이 나의 지론이지만, 다들 그런 것은 아닌 것 같다. 유별나게 한국 음식을 고집하는 사람들이 적지 않다. 특히 한국 순례자들의 라면 사랑은 자타가 공인할 정도이다. 현지 장사들도 아는지 곳곳마다 라면 광고를 붙여놓았으니 말이다. 심지어 심산유곡에서도 볼 수 있고, 어느 날(D22) 들린 한 가게는 아예 한국 라면 전용 진열대를 갖추고 있었다. 취사시설이 구비된 알베르게 식당에 한국인이 모이면 거의 어김없이 라면 끓이는 냄새가 진동하여, 민망한 적이 한두 번이 아니다. 물론 이해 못할 바는 아니다. 나 역시 심산유곡에서 라면 광고를 보고 침을 삼킨 적이 있기 때문이다(D20). 불행인지 다행인지, 이른 시간이어서 식당이 문을 열지 않은 탓에 맛보지 못했지만.

심산유곡의 라면 광고

공동 취사장의 라면

해외여행을 할 때 현지 음식을 적극적으로 먹어 보아야 한다고 주장하는 데는 나름 충분한 이유를 갖고 있다. 상상해 보자. 여러분 집에 외국인 손님이 왔다. 온갖 정성을 다하여 백반을 차렸다. 이때 백반은 백 가지 반찬을 갖춘 정식이라고 해두자. 큰맘 먹고 귀하고 귀한 '흑산도 홍어'도 올렸다. 그런데 손님이 햄버거나 샌

드위치를 찾는다면 여러분은 어떤 기분이 들까? 현지인이 즐겨먹는 음식을 함께 맛있게 먹는 것은 그들에 대한 작은 예의이다. 뿐만 아니라 현지 음식 그 자체가 하나의 중요한 문화이니, 현지 문화에 친숙해지는 길이 아니겠는가?

사실 외국에서 고국 음식이 생각나는 것은 너무나 당연하다. 외국에 나가면 모두다 애국자가 된다는 말이 있다. 너무나 익숙해서 그 존재를 잊고 살던 일상의 소중함을 깨닫는 계기가 된다는 의미일 것이다. 즐겨먹던 음식이야말로 소중한 고국의 일상이므로 생각나지 않는 게 오히려 이상하다. 그렇다고 그 음식을 외국에서 구태여 비싸게, 혹은 번잡스럽게 찾아먹을 일은 아니다. 모처럼 깨달은 일상의 소중함이 사그라지고 말 터이니 말이다.

S25

태극기

이국땅에서 우리 것을 보면 반가운 마음이 들기 마련이다. 더구나 우리나라 국기를 보게 되면 말할 나위 없이 반가운 법이다. 까미노에 첫 발을 내딛은 게 어제 같은데 100km는 진작 넘었고 오늘은 200km마저 넘어서고 있다. 길가 언덕 위에 인상적인 알베르게가 서있는데, 늘어선 만국기 속에 태극기가 제일 안쪽 선두를 차지하고 있다. 반가운 마음에 발걸음이 주춤해진다. 하지만 이제 겨우 오전 10시 남짓이니 숙소를 잡기에는 시기상조이다. "주인이 한국을 유달리 좋아하는가?" 속으로 근거 없는 추측을 하면서 가던 길을 서둘렀다. 마침내 하루를 묵을 마을에 도착하였다. 짐을 풀고 거리 구경에 나섰다. 멋진 식당 건물이 눈에 들어오는데, 건물 벽에 태극기가 나부끼고 있다. 아시아 국가 가운데 유일한 국기이어서인지 더욱 뿌듯한 느낌이다.

태극기와 알베르게

태극기와 레스토랑

300km 지점이 가까워질 무렵, 어느 길가에 버스를 이용한 대형 광고가 눈길을 끈다. 숙소 알베르게를 선전하는 광고물인데, 여러 나라 국기가 그려져 있다. 그 한 가운데를 태극기가 자리하고 있다. 이제 반가움을 넘어서 궁금해진다.

"왜 이렇게 태극기가 많고, 두드러지지?"

대답은 사실 아주 간단했다. 그만큼 한국인이 많이 오기 때문이다. 한 알베르게 벽에 걸린 세계 지도가 이를 극명하게 보여주고 있었다. 자신의 집에 묵은 순례자의 숫자를 핀으로 꽂아 나타내고 있는데, 우리나라가 구미국가와 어깨를 당당히 겨루고 있었다. 듣기에 네 번째로 많단다. 한마디로 한국인은 아시아 최대의 까미노 고객이었던 것이다.

길은 이제 600km를 넘어섰다. 스스로 생각해도 대견할 정도로 많이 걸었다. 한편으로 흐뭇하면서도 왠지 모르지만 한편으로 허전해진다. 600km 남짓이면 목포에서 신의주로 이어지는 국도 1호선 거리이다. "남의 나라를 걸으면서 나의 나라는 얼마나 걸어보았나?" 하는 자책감이 나도 모르게 피어나고 있었던 모양이다. 몇

알베르게 광고 버스

숙박 통계 지도

심산유곡 알베르게와 태극기

시간을 걸어도 끝이 없는 계곡, 심산유곡의 어느 길모퉁이에 알베르게가 서있다. 내건 여러 나라 국기 중에 태극기가 첫 자리를 차지하고 있다. 이제는 그저 반갑지만은 않다. 어서 통일이 돼서 내 발로 한반도를 종단하고 싶다는 생각이 들 뿐이다.

며칠 전 어느 카페에서의 일이다. TV 화면에 낯익은 장면이 비쳤다. 한반도 모습이다. 북한의 미사일 발사를 대서특필하고 있는 뉴스이다. 옆자리의 서양 친구가 웃으며 말을 건네 온다.

"전쟁이 날 거라고 생각하세요?"

"김정은에 대해서 어떻게 평가하세요?"

갑작스런 질문에 대답이 궁하기도 하지만, 마치 강 건너 불구경하듯이 흥미진진 묻는 태도가 문득 불쾌했다. 우리 한반도가 왜 저들의 흥밋거리가 되어야 한다는 말인가?

길은 이제 700km를 넘어선다. 언제부터인가 내 머리 속에는 새로운 생각이 싹트기 시작하고 있다. 한반도 종단 걷기에 대한 내 생각이 잘못된 것임을 깨달은 것이다.

"통일이 되면 걷는 게 아니라, 통일이 되도록 걸어야 한다."

길가 담장에 광고가 또 내 발길을 붙잡는다. 읽어 보니 식당 선전인데, 한 복판에 태극기가 선명하다. 마치 한국인 전용 선전물인 것 같다. 얼마나 많은 한국인이 다녀갔을꼬? 저 많은 한국인들은 남의 나라를 걸으면서 무슨 생각들을 했을까?

식당 선전과 태극기

불원천리(不遠千里)가 아니라 만리(萬里)를 멀다하지 않는 우리나라 사람들, 그 거대한 발걸음이 남쪽 목포에서 북쪽 신의주로, 또 북에서 남으로 이어질 수는 없을까? 통일이 된 뒤에 걷는 게 아니라 통일이 되도록 걸어보자는 말이다. 정치적 이해관계로 남북한 문제를 보는 '정치인'들은 제켜놓고, 그저 걷기 좋아하는 사람들끼리 걸어보았으면 좋겠다. 걸으면 길이 생긴다고 하지 않던가? 노신(魯迅)이 ≪고향(故鄕)≫에서 말했듯이.

> 희망이란 본래 있다고도 할 수 없고 없다고도 할 수 없다. 그것은 마치 땅 위의 길과 같은 것이다. 본래 땅 위에는 길이 없었다. 걸어가는 사람이 많아지면 그것이 곧 길이 되는 것이다.

사실 스페인의 산띠아고 까미노 역시 알고 보면 마찬가지이다. 원래 길이 있어서 사람들이 순례하였던 것이 아니었다. 중세 이래 수많은 사람이 걷다보니 까미노가 생겼을 뿐이다. 또한 예루살렘에서 순교한 야곱이 산띠아고의 상징으로 거듭난 것도 수많은 순례자들이 걸었던 결과일 따름이다. 야곱이 생전이든 사후이든 산띠아고에 왔다는 증거는 어디에도 없다. 또 야곱이 백마를 타고 이슬람 군대를 물리쳤다는 이야기 역시 민간의 '전승'에 불과하다. 그럼에도 불구하고 산띠아고 대성당에는 야곱의 상이 성당 정중앙을 자리하고서 까미노의 최종 목적지를 상징하고 있다. 수많은 순례자들의 '신앙'이 집약된 결과이다. 역사상 정말 야곱이 산띠아고에 있었던 것이 아니라 수많은 사람이 찾아오니 야곱이 있게 되었다는 말이다. 이처럼 사람이 걸으면 길이 생기고, 길은 무(無)에서 유(有)를 창조한다. 그것이 바로 희망이다.

그래서 태극기가 나부끼는 까미노 800km를 걸으면서 내 가슴에는 커다란 소망이 자라고 있었다. 까미노를 걷는 열정으로 또 하나 걸어야 할 길이 생긴 것이다.

"그래 걷는 거야. 통일이 되면 걷는 게 아니라 통일이 되도록 걷는 거야. 남에서 북으로, 북에서 남으로 걷다보면, 끊긴 길이 다시 이어지고, 그 길은 새 역사를 열 터이니 말이다."

제2부

만남의 길

D1(4월 10일)

피레네 산맥을 넘어

생 장 삐에 드 뽀흐(St. Jean Pied de Port)
→ 론세스바예스(Roncesvalles)

"후! 훅!"

드디어 출발이다. 숙소를 나서니 아직 어렴풋하다. 동구 입구의 시계탑이 7시를 가리킨다. 서머타임 실행 중이니 실제로는 아침 6시다. 설렘과 흥분이 가시기 전에 긴장과 두려움이 밀려온다.

"아무래도 심장질환자에게는 무리예요. 가지 않는 것이 좋겠습니다."

담당 의사의 자상한 충고가 순간 떠오른다.

"그렇다고 평생 위축되어 살 수는 없잖아."

다시 크게 숨을 내쉬고 들이마셔 본다.

동구를 벗어나자 곧장 비탈길이 이어진다. 1450m 높이의 피레네산맥을 넘는 길이다. 저절로 몸이 앞으로 숙여지면서 겸손해진다. 그 때 뒤에서 터벅터벅 발소리가 들리더니 한 서양 친구가 어느덧 성큼성큼 저만치 앞서 간다. 마치 육중한 호마(胡馬)가 조랑말을 앞지르는 느낌이다. 순간 자존심이 상해 걸음을 재촉해보지만 무리다. 어느새 시야 밖으로 사라져 버린다. 내 페이스대로 걸을 수밖에.

피레네 산맥 정경

피레네 산맥 정경

와! 탄성이 절로 나온다. 눈부신 경치가 펼쳐진다. 멀리 골짜기마다 운무가 자욱하고, 발 아래에 목초지가 드넓고 푸르다. 경치에 끌려 그만 프랑스와 스페인의 국경을 넘는 줄도 몰랐다. 너나 나나 할 것 없이 모두들 사진 찍기에 여념이 없다.

한없이 산길이 이어진다. 이젠 경치가 웬만해도 발걸음을 멈추는 사람이 없다. 그저 뚜벅뚜벅 걸을 뿐이다.

"어, 저 사람은? 내가 호마 같다고 했던 서양 친구인데."

나를 성큼성큼 앞서 갔던 그 친구가 길가에 아예 주저 앉아있다. 그 곁에는 잔설(殘雪)이 동병상련하듯이 함께 하고 있다.

산길에 힘이 부치긴 나도 마찬가지다. 게다가 내 배낭에는 먹고 마실 거리라고는 아무 것도 없다. 가다보면 당연히 가게나 편의시설이 있을 거라고 준비하지 않았기 때문이다. 그런데 잔설이 말해주듯 아직 비수기여서 문을 연 곳이 하나도 없다. 지친데다 배마저 고프다.

잔설

드디어 내리막!

마침 한국 청년 한 명이 말을 걸어온다. 대학에서 유럽공동체 관련 공부를 하는데, 군대 입대를 앞두고 유럽 배낭 여행을 왔다고 한다. 도중에 산띠아고 까미노를 가는 독일 친구를 따라 여기까지 온 것이다. 초콜릿 한 쪽을 건네준다. 이렇게 맛있을 수가 없다. "조금만 더" 라는 말이 목구멍까지 밀고 오지만 참는다. 달랑 작은 가방 하나 들춰 맨 그도 사정이 별반 다를 게 없을 것 같아서다. 이렇게 초콜릿 한 쪽으로 나는 피레네 산맥을 걸었다. 드디어 내리막길이다. 멀리 목적지가 보인다.

마침내 첫 번째 알베르게albergue에 도착했다. 막막한 사막을 건너온 카라반이 오아시스를 만난 반가움이 이러할까? 순례자를 위해 제공하는 전통적인 숙소를 알베르게라 부른다. 이 곳 알베르게는 유서 깊은 수도원에 자리하고 있어서, 들어서는 순간 정말 내가 순례자가 되었구나 하는 느낌이 절로 든다.

알베르게

허겁지겁 요기를 하고 한참을 쉬었다. 그래도 초콜릿 청년이 보이지 않는다. 젊은 패기에 잘 걷는다 싶었더니 그만 페이스를 잃고 도중에 주저앉아 있던 모습이 떠올라 은근 걱정이다. 또 주노씨 부부도 보이지 않는다. 바욘Bayonn 기차역에서 만난 부부다. 그들이 도착한 것은 땅거미가 내려앉기 시작할 무렵이었다. 완전히 푹 삭은 파김치 몰골들이다. 부부는 이것저것 먹을 것을 잔뜩 담아온 짐 보따리가 더 힘들게 하였던 모양이다. 짐이 단출한 청년이 오버페이스하여 고생한 반면, 그 부부는 많이 챙긴 짐에 치여 곤욕이었던 것이리라. 과유불급(過猶不及)이라 했던가? 많아도 적어도 고생인 게 우리의 삶인가 보다.

오늘 25.1km를 걸었다. 총 796km이니 770.9km가 남았다. 아니, 시작이 반이라 했으니 이제 금방이겠지. 근거 없는 자신감이 넘친다.

알베르게 수도원

D2(4월 11일)

산골에서 만난 일본 젊은이

론세스바예스(Roncesvalles) → 라라소아냐(Larrasoaña)

첫날 성공적인 등반에 흥분했는지 3시 반에 눈이 떠진다. 방안 가득한 침대들에는 아무런 움직임도 없다. 간혹 코 고는 소리가 들려올 뿐이다. 단잠을 깨울까 조심스럽다. 가슴에 손을 올려본다. 어느 때보다 심장이 평온하게 뛰고 있다. 가만히 누워서 맥박을 느껴본다. 점점 자신감이 커진다. 7시, 날이 새자 알베르게를 빠져나온다.

나보다 더 부지런한 순례자들이 벌써 앞장서고 있다. 길은 드넓은 목초지 사이로 뻗어있다. 벌써 눈에 익었는지 탁 트인 푸른 목초지가 새삼스럽지가 않다. 하긴 어제 넘어온 피레네 산맥이 온통 목초지 아니었던가? 군데군데 있는 숲을 제외하면 산등성이마다 어김없이 울타리가 처져 있었다. 오늘은 낮은 언덕과 평지로 지형은 달라졌지만 목초지이기는 마찬가지이다.

군데군데 큼직한 축사가 서있다. 축사를 지날 때마다 나도 모르게 코를 막고 발걸음을 재촉한다. 우리나라에서 한가로이 시골길을 걷다가 갑작스레 축사를 만나 좋은 기분을 망쳤던 기억이 적지 않았기 때문이리라. 또 대형 축사가 나타난다. 그 앞에는 시냇물이 흐르고 있다. 수정처럼 맑다. 길가에는 우마의 분뇨가 여기저기 떨어져 있고 초지에는 아예 널려 있지만 냄새가 그다지 나지 않는다. 아니 이럴 수가! 신기하고 부러울 따름이다.

맑은 시내

축사

"도대체 사람들은 사는 거야, 안사는 거야?"

인적이 드물어 지루하고 무료하다 싶을 무렵이면 어김없이 자그만한 마을이나 고을이 나타난다. 마치 동화 속의 예쁜 마을처럼. 수비리Zubiri는 그 중에서도 인상 깊은 곳이다. 물가 다리와 어울린 마을의 매력적인 모습에 순례자들은 어김없이 발길을 멈추고 있

물가 마을 수리비

다. 나도 한참을 앉아 있었다. 그 때 동양인 젊은이 한 쌍이 지나간다. 혹여 해서 뒤를 따르니 그들의 대화는 한국어가 아니라 일본어이다. 젊은이답게 날렵해서 앞서 멀어져 간다. 예쁜 마을이 여전히 이어지지만 발길을 늦추지 않는다. 숙소까지 서둘러 가는 게 우선이기 때문이다. 선착순으로 침상을 배정하기에 규모가 작은 알베르게의 경우, 늦으면 투숙하지 못할 수도 있으니까.

마침내 오늘의 목적지, 라라소아냐Larrasoaña가 보인다. 역시 작은 마을이고 여느 곳처럼 정갈하고 예쁘다. 적막할 정도로 고요한 거리, 실제로 상주하는 사람은 아주 적고, 대부분 주말별장처럼 이용한다고 한다. 마치 순례자들을 환영하려는 듯 길가로 화분을 내건 집들이 인상적이다. 알베르게도 물론 작다. 바로 옆 복층 침대에 일본 청년들이 짐을 푼다.

까미노의 어느 마을

마을 거리

일본과 오스트리아 친구

그런데 문제는 동네가 너무 작아 식당이 없다는 것! 서양 친구들은 마치 예견하고 있었다는 듯이 주방을 찾는다. 삼삼오오 짝을 지어 스파게티인지 파스타인지를 만들어 먹는다. 어쩔 줄 몰라 하는 이는 덜렁 동양인 3인뿐이다. 일본 청년 2명은 비스킷 부스러기를 입에 넣고 있다. 들은 바가 있어 나는 주방 냉장고를 열어본다.

쌀 약간, 토마토 2개, 햄 약간, 달걀 2개!

"이것이면 충분하지."

먼저 묵었던 누군가가 남긴 것이다. 뚝딱 오므라이스를 만들었다. 넉넉히. 그리고 두 친구를 불러 함께 먹었다. 처음에 주저주저하던 그들이 눈 깜빡할 새에 먹어 치운다. 순간 웃음이 절로 나온다. 마치 동서(東西) 대결을 하는 것 같아서이다. 공교롭게 한 쪽은 쌀밥을, 한 쪽은 밀가루 국수를 서로 보란 듯이 먹고 있다.

두 젊은이는 뉴질랜드에서 워킹홀리데이를 하고 있는 중에 유럽을 경험하고 싶어 왔다고 한다. 이런저런 대화로 화기애애하던 참에 한 서양인이 슬쩍 끼어든다. 오스트리아에서 온 남성이다. 여러 번 산띠아고를 순례한 적이 있는, 말하자면 선배 순례자인 셈이어서 많은 정보를 들려준다. 동서 종교에 관심이 많은 그는 불교에 대해 여러 가지를 내게 묻는다. 짧은 지식과 미숙한 영어 솜씨가 아쉬운 순간이다. 그 역시 유럽의 종교에 대하여 많은 이야기를 들려준다. 그 중 충격적인 이야기 하나!

"이슬람의 재 침입을 막기 위해 불교신자들이 스페인 남부에 대형 탑을 세우고 있다."

그의 설명에 의하면, 중국의 탄압을 피해 나온 티베트 불교 신자들이 스페인 남부에 대형 불탑을 세워 이슬람교의 침투를 막고 있다. 마치 공상(空想) 소설을 듣는 기분이다. 사실인지 확인하고 싶지만 어느새 밤이 깊다. 서로 아쉬운 만남이다. 다음날 노상 카페에서 우연히 만난 우리는 사진을 찍으며 훗날을 기약했다.

오늘은 27.4km를 걸었다. 이틀 동안 52.5km를 걸었으니 743.5 km가 남았다.

D3(4월 12일)

우리는 하나

라라소아냐(Larrasoaña) → 우떼르가(Uterga)

아침 6시 30분부터 오후 3시 40분까지 긴 여정을 즐겼다.

도중에 까미노의 첫 대도시인 빰쁠로나Pamplona가 있다. 성채로 둘러싸인 도시는 중세의 기풍이 물씬 묻어나는 멋진 곳이지만, 나는 발걸음을 재촉한다. 대도시는 애초부터 나의 관심사가 아니기 때문이다. 도시를 벗어나자 끝없이 길이 이어진다.

정오에 가까워지면서 태양은 아무 거리낌 없이 비춰댄다. 하늘에는 구름 한 점 없다. 넓은 들판, 끝없는 길, 그늘 한 곳이 없다. 걷는 사람도 드물다. 그런데 멀리 휠체어가 앞서 가고 있다. 궁금하여 서둘러 따라가지만 거리가 좁혀지지 않는다.

"참 잘도 가는구나!"

감탄하며 뒤 따르는데 멀리 언덕이 보이고 풍차가 돌아가고 있다. 순간 걱정이 앞선다. 저길 어떻게 올라가지? 아니나 다를까, 휠체어는 언덕 초입에서부터 진퇴양난이다. 누군가가 뛰어가 돕는

빰쁠로나 중세풍 거리

넓은 들판

다. 잠시 전진하나 싶더니 다시 쩔쩔 댄다.

"나는 뭐하고 있지?"

바삐 뛰어가 힘을 보탰다. 한참 몸부림 끝에 언덕 위로 올라섰다. 동양 아가씨가 탄 휠체어를 서양 청년이 밀고 브라질 아저씨가 돕고 있었다. 뜻밖이다. 그녀는 중국인이고, 중국어 어학연수를 온 스페인 청년을 중국에서 만나 함께 왔다고 한다. 두 연인은 행복한 미소로 고마움을 표한다. 브라질 아저씨는 착한 일을 하고 칭찬을 받은 아이처럼 의기양양 땀을 씻으며 활짝 웃는다. 순간 울컥해진다. 이런 때는 셀카가 제격이지, 찰칵! 한국, 중국, 스페인 그리고 브라질 사람이 휠체어 하나에 모였다.

행복한 연인을 뒤로 하고 나와 브라질 아저씨는 자연스럽게 함

풍차 언덕

께 걸었다. 고교에서 실업 교과를 가르쳤다는 그는 신이 나서 풍차와 대체 전력에 대해서 설명을 해댄다. 브라질 사람들은 열정적이라더니 쉴 새가 없다. 마침내 언덕 정상

우리는 하나

에 올라섰다. 중세 순례자를 묘사한 대형 조형물들이 반겨준다. 이제부터는 내리막길이다. 그리고 그 끝자락, 정갈하고 정겨운 알베르게가 지친 길손을 기다리고 있다.

중세 순례 조형물

알베르게

알베르게 건물도 건물이려니와 무엇보다도 여주인이 인상적이다.

시원스런 몸매와 눈길로 손님을 접대하는데, 나는 왠지 마치 거친 황소를 자유자재 다루는 일급 투우사 같다고 생각했다. 식사를 주문하자 마당 탁자를 권한다. 먹음직한 음식과 넉넉하게 따른 포도주, 보기만 해도 군침이 돈다. 동석한 일본인 아줌마도 "와!"하고 감탄사를 쏟아낸다. 그녀는 10년 넘게 북경에서 일본어 선생을 한 적이 있다고 한다. 자연스럽게 우리는 중국어로 대화를 나눴다. 마치 중국인처럼. 몇 년 전, 사랑하는 남동생이 갑작스럽게 세상을 뜨자, 그녀는 무작정 산띠아고 카미노를 왔었다.

알베르게 여주인

"아쉽게도 도중에 병이 나서 병원 신세만 지다가 돌아갔는데, 이번에는 꼭 완주하고 싶습니다. 그런데 당신은 무슨 이유로 까미노를 걷습니까?"

"글쎄요? 그냥 서양을 느껴보고 싶어서요."

일본 여성

"자, 우리의 목표를 위해 건배! 간빠이! 깐뻬이!"

한중일 삼국의 건배사를 동시에 외치며 우리는 웃었다.

"한자로 쓰면 乾杯, 똑같죠."

유럽에서 동아시아인을 만나면 반가운 이유가 같은 한자를 쓰기 때문일까? 나는 그녀가 이번에는 건강하게 완주하기를 진심으로 축원하였다.

오늘은 33.2km를 걸었다. 총 85.7km를 걸었으니 710.3km 남았다.

D4(4월 13일)

포도주, 너 때문에

우떼르가(Uterga) → 로스 아르꼬스(Los Arcos)

무지막지하게 길었던 하루!

하루 종일 걸린 시간이나 근 50km의 이동 거리나 다 길고 길었던 날이다.

해가 뜨기 전 출발한, 오전 여정은 순조롭다. 걷기에 딱 좋은 날씨이고, 길도 평온하다. 지루할 쯤이 되면 들판 저 너머로 마을이

들판 너머 마을

성당 안

보이기 시작한다. 처음 눈에 띄는 것은 어김없이 교회 첨탑이다. 마치 망망대해에서 등대를 만나 듯 지평선 너머 고개를 내미는 교회 탑은 순례자의 발에 힘을 준다. 그리고 대부분의 교회들은 겉으로 보기에 소탈하지만 들어가 보면 경건하면서도 아름답다. 점심 무렵, 이미 30km 가까이 걷고 있다.

하루 몫으로 충분하지만, 내친 김에 조금만 더 걷기로 한다. 1.8km만 더 가면 아이에기Ayegui가 나오기 때문이다. 그 곳은 두 개의 샘물 꼭지가 있는 것으로 유명하다. 하나는 당연히 물이고, 다른 하나는 포도주이다. 나는 물은 쳐다보지도 않고 포도주 꼭지를 튼다. 꿀꺽꿀꺽 양껏 마시고 물병에도 담는다. 빈속인지라 생각보다 빨리 취기가 올라온다. 도도하다. 세상이 살짝 돌고 있다.

"됐다. 이제 숙소를 찾자."

술 꼭지와 물 꼭지

포도주 꼭지

안내판에 100여 미터를 가면 알베르게가 있다고 적혀 있다. 발걸음이 가볍다.

"엉! 이상하다. 100미터가 이렇게 머나?"

한창을 걸었다. 나오라는 알베르게는 나오지 않고, 호텔 이라체 Irache라는 간판이 보인다.

"아니, 여기가 아닌데."

지나쳐 버린 것이다. 술기운에 알베르게를 보지 못하고 한참을 더 와버린 것이다.

"이왕 이렇게 된 이상 호텔에서 자자. 이런 기회에 묵어보지 언제 또 묵겠어?"

보무도 당당하게 들어서는데 문이 굳게 닫혀 있다. 작은 글씨를 읽어보니 성수기에만 영업을 한단다. 피레네 산맥의 잔설들이 퍼뜩거린다.

참 난감하다. 신은 견딜 만한 시련만 준다고 했던가? 우연히 만난 스웨덴 부부는 그 순간만은 나에게 구세주같은 존재였다. 4.6km를 걸어가면 알베르게가 있는 마을이 있으니 함께 걷자고 제안한다. 천군만마가 따로 없다. 부인은 스페인에서 유학하여서 현지 사정에 밝고, 또 남편도 까미노를 좋아해서 자주 와 구간별로 조금씩 걷고 있다고 한다. 이런저런 대화 끝에 목적한 마을, 비야마요르 데 몬하르딘Villamayor de Monjardin에 도착! 그런데 숙박지마다 푯말을 내걸고 있다.

"꼼쁠레또Completo!"

평생 잊을 수 없는 단어, "만원(滿員)!"이라는 뜻이다. 허망하다.

뒤로 돌아가면 후방 2km 작은 마을에 숙소가 있을지 모른다고 한다. 난감하다. 부활절 연휴여서 갑작스럽게 여행객이 늘었던 것이다. 이럴 때는 큰 도시로 가야하는 법, 택시를 타자고 부부가 제안한다. 물론 난 선택할 여지가 없다. 로스아르꼬스에 도착하자, 부부는 "부엔 까미노!"라는 인사말과 더불어 택시비 전액(25유로)을 고집해서 낸다. 우여곡절 끝에 도착한 알베르게, 허름해도 이 순간 궁궐이 따로 없다. 생맥주 한 잔이 이렇게 맛있는 줄을 몰랐다. 다 포도주 욕심에 길을 놓친 덕분이다(S3 참조).

궁궐 같은 알베르게

생맥주

아참, 사족 한 마디!

욕심껏 담아온 포도주는 숙소에서 만난 한국 젊은이들이 맛있고 고맙게 마셨다.

"소원성취 했습니다. 덕분에. 정말 고맙습니다."

그들은 아침 일찍 아이에가를 지나왔는데, 그 때는 샘물이 나오지 않아서 너무나 서운하던 참이었다고 한다. 예기치 않게 좋은 일을 한 셈이다.

"바카스 신에게 고맙다고 하게나."

포도주 욕심에 고생한 거야, 아니면 덕을 본 거야? 소탐대실(小貪大失)인지, 새옹지마(塞翁之馬)인지 모르겠다. 하여튼 대단한 날이었다.

오늘은 49.7km를 이동했다. 135.4km 왔으니 660.6km 남았다. 고백하건대 10km는 공짜, 아니 반칙이다.

D5(4월 14일)

부활절 퍼레이드

로스 아르꼬스(Los Arcos) → 로그로뇨(Logroño)

아무래도 어제 일정은 무리였나 보다. 결국 발바닥에 물집이 두 개나 생겼다. 다행히 견딜만한 크기여서, 일종의 경고려니 하고 감사하게 견디기로 했다.

피레네 산맥을 넘어오면서 줄곧 이어지던 목초지가 이제는 포도밭과 올리브 과원으로 바뀌었다. 한 눈에 오랜 연륜이 느껴지는 올리브 한 그루가 눈길을 끈다. 그리고 또 눈길을 끄는 것이 있다. 멀리 동양인으로 보이는 세 남자가 나란히 사이좋게 걷고 있다. 어떤 사이일까? 궁금하여 열심히 뒤따랐다. 느릿느릿 걷고 있는 것 같은데 도무지 따라 잡히지가 않는다. 마침 걸음을 멈추고 휴식을 취하고 있다. 인사를 건네니 반갑게 맞는다. 70대 형을 앞세운 세 일본인 형제이다. 도란도란 얘기를 나누면서도 위계질서가 엄연한, 전형적인 일본인 모습이다.

"정말 잘 걸으시네요?"

올리브 고목

일본인 삼 형제

"아니에요. 우리는 6시 반에 출발했습니다만, 몇 시에 출발하셨나요?"

"아 그래서 따라 잡을 수 없었나 봅니다."

알고 보니 나보다 30분 빨리 출발한 것이다. 남보다 일찍 서둔 30분의 무게를 실감했다.

오늘의 목적지에 도착했다. 역시 중세 느낌이 살아 있는, 제법 큰 고장이다. 마침 부활절을 맞아 기념 행렬이 펼쳐지고 있다. 마을 별로 수십 명이 똑같이 독특한 복장을 하고 있다. 어린아이부터 늙숙한 어르신네까지 그야말로 모두의 잔치이다. 맨 앞에 요란한 연주를 하는 악대가 앞서고, 그 뒤를 '부활'과 관련된 조형물이 따르고 있다.

행렬 : 타악대

행렬 : 십자가

행렬 : 수레

세어보지 않아 정확한 숫자는 알 수 없으나 그 대열이 열 개가 훨씬 넘는 것은 분명하다. 교통을 통제한 길가 양쪽에는 구경꾼이 인산인해를 이루고 있다. 신상(神象)을 실은 수레와 악대, 특별한 의상, 구경꾼 등등이 일본인의 축제 마쯔리를 연상시킨다. 숙소는 주방 시설을 갖춘, 규모

행렬 : 십자가

가 제법 큰 알베르게이어서인지 유달리 한국인이 많았다. 저녁을 함께 만들어 먹는 데 동의한 사람만도 12명이나 됐다. 닭 한 마리와 닭다리 몇 개로 백숙을 끓였다. 모두 맛있게 흡족하게 먹었다. 닭이 칠면조처럼 크기 때문이다. 서양은 닭도 큰가 보다. 주방장은 물론 나였다. 닭백숙은 까미노에서 한국인이 즐겨 먹는 메뉴이다. 요리하기 간단하고, 여러 명이 나눠 먹을 수 있기 때문이리라.

오늘 걸은 거리는 28.1km, 누적 거리는 163.5km, 가야할 거리는 632.5km이다.

D6(4월 15일)

특별한 경험

로그로뇨(Logroño) → 나헤라(Najera)

어제 생긴 물집이 다행히 도지지 않는다. 발아, 고맙다.

들판은 언제부터인가 온통 포도밭이다. 가도 가도 한없는 포도밭이다.

"아휴, 지겨워!"

푸념이 날 때가 되어야 마을이 나타난다. 오늘 처음 안 사실이 있다. 동구 입구에는 예외 없이 작은 교회 혹은 첨탑이 있는데, 알고 보니 그 뒤에 공동묘지가 있었던 것이다. 물론 마을 안에도 교회가 있어 중심을 이루고 있다. 그러고 보면 마을마다 두 개의 교회가 있는 셈이다. 하나는 산자를 위한 곳이요, 다른 하나는 사자(死者)를 위한 곳이다.

오늘의 목적지 나헤라Najera는 교통 요지이다. 강이라 부르자니 좀 작고 시냇물이라 하자니 좀 미안한, 그래서 살가운 물가에 붉은 사암 절벽이 산처럼 우뚝 솟아 독특한 풍광을 이루고 있다.

끝없는 포도밭

공동묘지

사암 바위

교회 내부

그리고 그 절벽을 기대고 역시 특이한 분위기의 교회가 서있다. 지금은 박물관 역할을 하고 있다. 들어 가보니 내부의 모습 역시 익숙하면서도 뭔지 기묘하다.

느낌은 틀리지 않았다. 교회 안은 온통 무덤이다. 정교하고 화려하게 꾸며진 예배 공간은 실은 죽은 한 귀족 부인을 위한 것이다. 그러고 보니 박물관도 그 부인의 이름이다. 순간 오싹한 느낌이 든다. 나는 거대한 무덤 속에 들어와 있는 것이다. 그 부인 이외도, 교회 구석구석마다 사자(死者)들이 차지하고 있다. 마을 공동묘지에 묻힐 평범한 사람들이 아니리라. 그들이 노려보며 호통치고 있는 듯하다.

"여기가 어딘데 함부로 들어와!"

무덤

숙소에서도 특별한 상황이 벌어졌다. 겨우 알베르게에 도착했는데, 여러 명이 자는 일반적인 방이 없고, 단지 2인실의 한 자리가 남았을 뿐이라고 한다. 선택의 여지가 없지만 잠시 망설여진다. 일반의 두 배인 숙박비가 크게 문제될 것은 없다. 단지 누구와 자느냐가 문제이다. 벽안(碧眼)의 젊은 여성이 바로 내 앞에서 방을 배정받고 있다. 직원이 나를 가리키며 그 여성에게 묻는다.

"괜찮아요?"
"안 될 것 없죠?"

이번에는 그녀를 가리키며 나에게 묻는다.

"괜찮아요?"
"안 될 것 없죠?"

호주에서 혼자 왔다는 여성이 자기소개와 더불어 반갑다고 인사를 건넨다. 서둘러 나도 반갑다고 인사를 건넨다. 나이야 나보다 한참 아래일 터이지만, 체구가 커서 그런지 누이처럼 느껴진다. 이런저런 이야기를 나눈 뒤 불을 껐다. 한동안 어색한 부스럭, 그러나 어느새 푹 잤다. 까미노를 '잘' 걸은 덕분이다.

특별한 경험이 이어진 오늘은 29.4km를 걸었으니, 총 192.9km 왔고, 603.1km 남았다.

D7(4월 16일)

스페인식 동네사랑방

나헤라(Najera) → 그라뇽(Grañon)

어제처럼 오전 내내 흐리더니 오후에 들어서면서 날이 활짝 갠다. 갠 하늘처럼 들판도 탁 트였다. 거의 온 종일 허허벌판, 보이는 건 모두 밀밭인 듯하다. 당연히 길도 지루할 정도로 평평하고 한

밀밭과 길

차라리 맨몸이었으면

없이 이어진다. 묵직한 등산화가 거추장스럽다. 앞선 여성은 아예 가벼운 실내용 샌들을 꺼내 신고 등산화는 배낭 뒤에 매어달았다. 스틱도 접어들었다. 차라리 맨발이었으면 하는 생각이 나처럼 절절했었나?(S19 참조).

북적대는 도시에서 부대끼노라면 그렇게도 그립고 그리운 것이 허허 들판이다. 거추장스런 것이라곤 아무 것도 없지 않는가? 그런데 인간은 참으로 청개구리 심보인가 보다. 막상 허허벌판에 있노라면 다시 인적이 그리워지니 말이다. 한 마을을 지난다. 정겨운 풍경이 펼쳐지고 있다. 널찍한 광장에 사탕 좌판이 늘어서 있다. 어릴 적 시골 장터 같다. 또 한 구석에는 성모 조형물을 태운 수레가 세워져 있다. 아마도 부활절 퍼레이드에 참여했던 것이리라. 가톨릭 국가 스페인에서 부활절은 우리네 설날만큼 큰 명절인 것 같다.

사탕 좌판

성모 수레

작은 동네의 작은 알베르게가 지친 객을 포근하게 맞는다. 여장을 풀어 두고서 마실돌이를 나간다. 몇몇 구멍가게를 지나 이층에 자리 잡은 바에 들어선다. 하몽Jamón을 올린 따빠스Tapas(스낵이나 빵 위에 간단한 요리를 올려서 먹는 전채요리)와 포도주 한 잔을 주문하고 실내를 둘러본다. 주민들로 보이는 아저씨들이 삼삼오오 짝을 지어 제각기 열심이다. 축구 중계방송이 한창인 텔레비전을 뚫어져라 보는 사람이 있는가 하면, 푼돈을 옆에 두고 카드나 마작을 즐기는 사람도 있다. 또 한쪽에는 남녀노소 한 무리가 음료수를 마시며 도란도란 담소하는 가족도 있다. 술집 분위기가 전혀 아니다. 우리네 동네 사랑방과 노인정을 합쳐 놓은 것 같다. 동구 밖 밀밭이 우리네 보리밭을 연상시켰던 것처럼 정겨워 한참을 앉아 있다.

동네 바

밀밭

오늘은 28km를 걸었다. 총 220.9km를 걸었으니 남은 길은 575.1km이다.

D8(4월 17일)

그림자 벗을 삼아

그라뇽(Grañon) →
비야프란까 몬떼스 드 오까(Villafranca Montes de Oca)

웬일인지 자꾸 서둘러진다. 6시 반이 안된 시각, 밖은 아직 어렴풋하다. 헤드라이트도 없이 걷자니 은근 걱정이다. 때마침 앞서 두 여성이 걷고 있다. 너무 반갑다. 인사를 건넨 뒤, 함께 걷는다. 그것도 잠시 나는 앞서 빨리 걷기 시작한다. 그래도 남자인데, 여성보다는 빨리 걸어야지 하는 생각이 들었던 모양이다.

한참을 걸었다. 이상하다. 아무리 둘러봐도 아무런 인기척이 없다. 앞은 물론이요 뒤를 돌아봐도 따라 오는 사람이 없다. 그러고 보니 이제껏 그렇게 많던 까미노 표지를 못 본 지 꽤 오래다. 틀림없이 길을 잘못 든 것이다. 한참을 뒤돌아 갔더니, 내가 지나치고 보지 못한 표지가 나온다. 표지는 반대 방향을 가리키고 있다. 쌤통! 자만이라는 고약한 놈이 설쳐댄 결과이다. 서둘러 일찍 나선 시간만큼 오히려 일정이 늦어지고 말았다(S14 참조).

오늘도 길은 지루하게 뻗어 간다. 특히 자동차 도로와 나란히 있는 길은 단조롭다 못해 짜증이 날 지경이다. 정오 무렵, 한 여성이 저만치 앞서 걷고 있다. 무료하던 참에 잘 됐다. 따라잡아 보자. 발걸음을 재촉하니 곧장 다리가 후들거리고 무릎이 시큰거린다.

"경쟁하지 말라니까!"

보조를 늦춘다. 멀리 산등성이에 성채의 잔허가 보인다. 이슬람교도와 기독교도가 다투었던 때의 유적이라고 한다.

"똑같은 하나님을 신앙하는데 왜 그들은 그토록 다투었고 지금도 다투는 걸까?"

더딘 발걸음으로 더해진 지루함을 공상(空想)으로 달래본다.

프랑스 생장피에르에서 출발한 까미노는 줄곧 동(東)에서 서(西)로 가기 때문에, 아침이면 늘 해를 등지고 출발한다. 그렇기에 언제나 내 그림자가 나보다 앞서며 걸음을 재촉한다. 하루 종일 걷

자동차 도로 곁 까미노

성채 잔허

다보면, 앞선 긴 그림자가 점점 짧아져, 어느새 내 옆에 나란히 걷다가 슬쩍 내 뒤로 물러나기 시작한다. 그림자 뒤로 길어질 무렵 나는 알베르게를 찾아 든다. 마치 태양과 달리기 시합을 벌였던 과보(夸父) 같다. 단지 나는 과보와 달리 매일 태양에게 기꺼이 진다. 그리고 다음 날 다시 경쟁을 하자고 청한다(S23 참조).

알베르게에 딸린 식당을 찾는다. 원래 양식을 그다지 좋아하지 않지만, 순례자를 위한 정식인 오늘 요리는 유달리 맛있다. 시장이 반찬인 탓인가? 아니면 덤으로 주는 포도주 덕분인가? 10유로의 단출한 요리지만 과하지도 덜하지도 않아 딱 좋다. 마을 입구에서 나를 반겨주던 아담한 동네 교회를 닮았다.

순례자 정식

동네 교회

28.8km를 걸었다. 이제 546.3km가 남는다. 누적 249.7km를 걸었으니까.

D9(4월 18일)

배낭의 무게

비야프란까 몬떼스 드 오까(Villafranca Montes de Oca) →
부르고스(Burgos)

배낭 짐을 탁송하고 욕심껏 걸어 보기로 하였다. 근 40km 떨어진 부르고스로 배낭을 먼저 보냈다. 전문 탁송 업체가 경쟁할 정도이니 즐겨 이용하는 순례자가 많은 모양이지만, 난 처음이자 마지막으로 홀가분하게 짐 없이 걸었다. 동이 틀 무렵, 출발! 숙소를 벗어나자 곧장 비탈길이 나오고, 비탈길을 오르니 십여 킬로 넘게 소나무 숲이 이어진다. 숲을 관리하는 임도(林道)가 까미노 역할을 하고 있다. 지금까지 소나무는 우리나라의 상징인 줄 알았더니 그게 아닌가 보다. 한 나절을 걸어도 소나무 임해(林海)가 끝이 없으니 말이다.

숲 속 길가에 사람들이 옹기종기 모여 있다. 위령탑이 서 있고, 그 곁에는 관련 설명 그림이 세워져 있다. 설명을 읽어도 스페인어를 잘 모르니 알 수가 없다. 친절한 현지 여행객이 영어 반 스페인어 반 섞어 해설해주지만 역시 정확한 내용을 알 수가 없다. 다

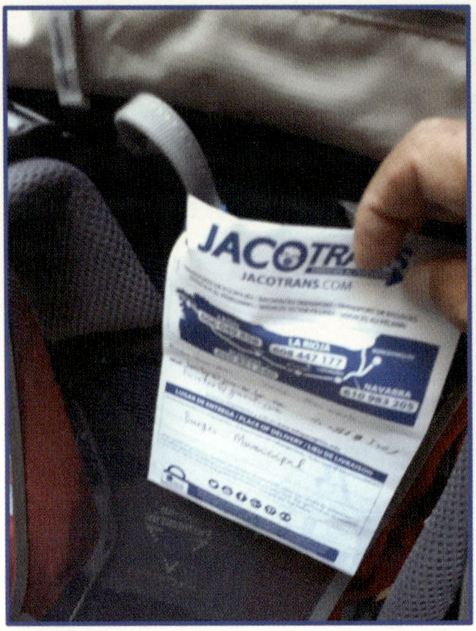

배낭 탁송

소나무 숲과 길

만 프랑코 정권 시절에 행해진 국가와 사회의 폭력이라는 점은 분명한 듯하다. 또한 가해자가 누구고 피해자가 누구냐는 내 질문에 대한 답변이 긴 여운을 내게 남길 뿐이다.

"따질 필요 없어요. 다 원혼(冤魂)이니까!"

손짓 발짓을 동원하며 설명해주던 스페인 사람들의 열정과 더불어 나의 뇌리에 오래 남을 것 같다.

숲길이 끝나자 목초지와 밀밭이 펼쳐진다. 하늘이 오늘따라 유달리 짙푸르다. 몸서리가 쳐질 지경이다. 원혼의 원한이라도 서린 탓일까 하는 부질없는 생각이 드는 순간 멀리 마을이 보인다. 아헤스Agés라는 마을이다. 마을을 관통하여 지나는데 채 10분이 걸리지 않는다. 아기자기하면서 아름다운 마을을 보며 나는 노자(老子)가 그리던 소국과민(小國寡民)의 이상향을 떠올렸다. 아울러

위령탑

유해 발굴 설명도

짙푸른 하늘

아름다운 마을: 아헤즈

위령탑을 다시 생각했다. 좌(左)니 우(右)니 따위가 무슨 부질없는 망언이란 말이냐! 다 문명의 탈을 쓴 야만일 따름이지(S20 참조).

들판 한복판에 입간판이 서 있다. 고대 인류의 유적지를 알리는 표지이다. 가보고 싶은 마음이 굴뚝이지만, 가는 길목을 벗어난다. 게다가 배낭을 미리 보내 놓은 부르고스까지 가야하기 때문에

고대 인류 유적지

자갈 언덕 위의 십자가

발길을 돌릴 수밖에 없다. 유럽 인류의 고향인 아따뿌에르까 Atapuerca는 다음으로 미루기로 하자. 좀 편하게 걷자고 낸 꾀가 발목을 잡을 줄이야! 짐이 없다고 마냥 좋은 것은 아니다. 어느 정도 걸은 뒤에는 배낭이 없는 홀가분함은 사라지고, 험한 길은 여전히 험하게 느껴질 뿐이었다. 목적지를 향하는 마지막 난관, 언덕길을 덮은 자갈들이 걸음을 더욱 힘들게 만든다.

지나를 만난 곳이 바로 여기이다. 빈 몸으로도 벅찬 언덕바지를 누군가가 큰 짐을 지고 오르고 있다. 짐에 가려 몸이 보이지 않을 정도이다. 다가가 보니 젊은 여성이다. 말을 건네니 반가운 모국어로 답한다. 짧은 대화만으로도 선하고 선한 심성이 느껴져 그녀의 짐이 더 안타깝다. 지나는 마음속에 담아놓은 짐도 많은 듯하다(S1 참조).

산따 마리아 대성당

부르고스 거리

“꼭 완주하세요. 모든 짐도 다 내려놓으시고요.”

이렇게 축원하며 걸음을 재촉한다. 실은 짐을 벗어던진 나의 멀쑥함을 벗어나기 위함이다.

좀 더 ‘빨리’ 좀 더 ‘멀리’ 걷겠다고 짐을 맡긴 게 종일 마음에 걸린다. 게다가 기대와 달리 지치고 힘들기는 마찬가지이다. 아무튼 무모한 도전이 끝나간다. 산따 마리아 대성당이 보인다. 대부분 대도시의 까미노는 대성당에서 시작하고 끝난다. 부르고스도 마찬가지다. 먼저 탁송한 배낭을 찾아 얼른 들춰 맸다. 한결 든든하다. 다시 진정한 순례자가 된 기분이다. 이제 중세풍의 거리를 걸으면서 알베르게만 찾으면 된다.

오늘은 무려 37.8km를 걸었다. 배낭을 탁송하고 거의 빈 몸으로 걸은 덕분이다. 편법을 쓴 것 같아 개운하지가 않다. 아무튼 이제 287.5km를 왔으니 508.5km가 가야할 길이다.

D10(4월 19일)

사랑의 까미노

부르고스(Burgos) → 온따나스(Hontanas)

새벽달을 어깨에 걸친 대성당을 뒤로 하고 일찍 길에 오른다. 메세타, 즉 기나긴 고원을 지나야하기 때문이다. 누군가는 메세타를 두고 까미노에서 가장 지겨운 길이라 하고, 누군가는 이야말로 까미노의 백미(白眉)라고 부른다. 정답은 물론 직접 걷는 자에게 달린 것, 느끼기 나름이리라. 나 역시 상념에 젖어 걷기에 적격이라는 느낌과 지루하기 짝이 없는 황무지라는 느낌이 교차한다. 밀밭과 황무지가 교차하지만, 뙤약볕 아래 그림자 한 토막 찾기 어렵기는 마찬가지이다. 어쩌다 마주치는 미루나무 그림자가 마치 오아시스 같이 반가워 떠나기가 싫다.

얼마나 걸었을까? 몸도 마음도 지쳐간다. 저 멀리 마을이 보인다. 이번에는 오아시스 같은 게 아니라 진짜 오아시스이다. 외모도 내부도 아담하면서 포근한 마을 교회가 순례자를 반긴다. 교회 곁 샘물도 여느 곳 같지 않다. 졸박(拙朴)한 모습이 매력적이다. 절제미를 갖춘 조각 작품 같다. 수도꼭지도 넉넉하게 두 개이다.

대성당과 잔월

메세타 고원의 광야

성당 내부

젖꼭지 샘터

돌집 호스텔

파김치가 된 듯 몸이 무겁지만 웬 일인지 알베르게 몇 곳을 그냥 지나간다. 마치 미리 정해 놓은 정박지라도 있는 듯이. 뜻밖에 호스텔(알베르게와 호텔 중간 급 숙소) 한 곳이 유독 눈길을 끈다. 외벽을 돌로 두른 건물이 과하지 않으면서 품위가 있다. 그래, 오늘은 호강을 좀 누려보자. 개별 샤워 시설을 구비한 독방이다. 침낭도 꺼낼 필요가 없다. 이른 아침, 옆 침상의 눈치를 보면서 짐을

싸지 않아도 된다. 정갈하게 침대보가 씌워진 잠자리가 마음까지 여유롭게 한다. 물론 내 침실보다 나을 것도 없지만 말이다. 새삼 평소 누려왔던 일상이 소중하게 느껴진다.

호사로운 독방

우연히 묵게 되었지만 참 잘 한 선택이라고 느낀 것은 저녁 시간이다. 자칭 까미노 최고의 빠에야를 주인이 직접 만들어 매일 숙박객과 사전 예약자에게 제공하고 있는 곳이었다. 스페인을 대표하는 대중 음식을 여러 국적의 순례자들과 함께 먹는다. 까미노에서만 접할 수 있는 인상적인 경험이다. 짭짤한 빠에야와 쌉쌀한 포도주는 찰떡궁합이다. 불가리

까미노 최고 빠에야

빠에야 1인분

순례자 둘, 사랑 하나

까미노 연인

아, 캐나다, 브라질, 영국, 대만, 싱가포르 그리고 한국. 다양한 국적만큼 다양한 언어가 식탁을 넘나든다(S6 참조).

감탄하기에는 아직 이르다. 모두가 배부르고 얼큰해질 무렵, 주인 남자가 손 박자에 맞춰 노래를 부르기 시작한다. 자신들의 이야기가 노랫말이라고 한다.

수 년 전, 스페인 총각이었던 주인 남자는 하던 일에 회의를 느끼고 까미노를 혼자 걷고 있었다. 운명처럼 불가리아 아가씨(지금은 호스텔의 안주인)를 만났다. 그녀도 뭔가에 끌려 멀리 까미노를 혼자 걷고 있었던 것이다. 함께 걸었고 … 그러나 각기 왔던 곳으로 돌아갔다. 다시 두 사람은 까미노로 돌아왔다. 함께 걸었고 … 이제는 돌아가지 않았다. 두 사람은 까미노를 떠나지 않기로 약조했다. 호스텔의 주인이 되어 누군가의 만남을 돕기로 한 것이다.

밤이 깊어간다. 나는 이 까미노를 걷고 나면 무엇이 남을까? 새삼 나의 발걸음의 의미를 돌이켜보게 된다.

오늘도 30.8km를 걸었다. 318.3km가 지났으니 477.7km가 남았나 보다.

D11(4월 20일)

실은 나도 몰라요

온따나스(Hontanas) → 프로미스따(Fromista)

여주인 불가리아 미녀의 포옹을 아쉬움으로 남긴 채 길에 나선다. 오늘도 어김없이 내 그림자가 어서 가자고 길게 늘어서 앞장선다. 지루할 정도로 고원이 이어진다. 간간히 까치, 까마귀, 제비 등 익숙한 새들이 반겨주지만, 지루한 만큼 내가 길손임을 실감한다. 스치는 사람들도 오늘은 유달리 디아스포라 인이 많다. 콜롬비아 출신으로 지금은 캐나다에 산다는 후안Juan, 중국 출신으로 노르웨이에 거주하고 있다는 설(薛)부인 그리고 역시 화교(華僑) 2세로 스웨덴 국적의 미스터 임(林)이다. 임씨는 아쉽게도 중국어를 거의 모른다. 대화가 길게 이어지는 경우는 별로 없다. 가야할 길이 멀어 마음의 여유가 없기 때문이리라. 아무튼 그들은 무슨 사연으로 타국에 사는 걸까? 지루한 무인지대 끝에 만난 한 마을, 마을 뒤 산 위로 성채 잔허가 보인다. 중동을 출발한 이슬람교도가 북아프리카를 지나 지브롤터Gibraltar 해협을 건너 이베리아 반도를 점거했던 시절의 유물이란다. 예나 지금이나 왜 사람들은 자신의 터전을 떠나는 것일까?

끝없는 밀밭이 이어진다. 이 드넓은 땅을 누가 경작할까? 그 궁금증을 풀어주려는 듯 들판 한복판에 커다란 기구가 보인다. 수 십 미터는 족히 되어 보이는 이 거물(巨物)은 프랑스제 농기구

앞장 선 내 그림자

성당과 성채

들판을 가로지른 농기구

길과 수로

이다. 돈키호테가 본다면 틀림없이 달려들 어마어마한 괴물이다. 아마도 물도 주고 농약과 비료도 뿌리는 데 사용되는 것이리라. 그런데 물은 어디서 오지? 그 궁금증은 곧 풀렸다. 길가로 수로가 뻗어 있다. 한없이 이어지고 있다.

길과 수로가 끝없이 동행하고 있다. 마치 태고부터 그들만 있어 온 양 아

수위 조절 시설

마을 성당

무런 기척도 없다. 얼마동안을 정적과 함께 걸었을까? 멀리 누군가가 걷고 있다. 자꾸 뒤를 돌아보는 것 같다. 서둘러 다가가니 한 여성이 반색을 하고 반긴다. 한국 중년 여성이다. 신부님을 모시고 순례하러 왔는데, 일행들은 먼저 가고 자신만 뒤쳐졌다고 한다. 인적이 없는데다가 길이 맞는지 몰라 무서웠던 것이다.

"사람이 무섭지, 사람이 없는데 뭘 무서워하세요? 그리고 길도 맞아요."

실없는 농담을 던지니 긴장이 풀어지는지 웃는다. 힘내시라는 격려의 말을 남기고 앞서 나갔다. 실은 길이 맞는지 나도 궁금하던 터였다.

목적지 프로미스따에 가까워질 무렵, 들판의 시냇물처럼 잔잔히 흐르던 수로가 모습을 일변한다. 수위(水位)를 조절하는 시설이 웅장한 모습을 드러낸다. 이것이 단순한 농수로가 아니라 운하(運河)였음을 웅변하려는 듯. 드넓은 경작지와 쭉쭉 뻗은 운하, 도시가 들어설 최적의 조건이리라. 이색적인 풍모의 마을 성당이 옛 모습을 간직한 채 운하를 타고 온 길손을 맞듯이 지친 순례자를 반긴다.

며칠 전부터 발목이 좀 이상하다. 접질린 듯하다. 아니면 너무 무리하고 있는지도 모른다.

오늘도 무려 35.9km를 걸었으니까 말이다. 354.2km를 걸었고 이제 남은 길은 441.8km이다.

D12(4월 21일)

노래하는 신부님

프로미스따(Fromista) →
까리온 데 로스 꼰데스(Carrion de los Condes)

오랜 기간 혼자 자는 데 익숙해서인지 군대 막사처럼 알베르게에서 낯선 여러 사람과 합숙하는 게 편하지 않다. 아주 이른 새벽부터 잠을 설쳐 뒤척이다 결국 5시도 못되어 일어나고 말았다. 침상에 누운 채로 아내에게 메시지를 보냈다.

감사 1 : 튼튼한 다리와 잘 먹는 식성을 주신 부모님께
감사 2 : 든든한 후원과 격려를 아끼지 않는 가족과 지인께
감사 3 : 이런 기회와 모든 여건을 허하신 조물주께

아내가 곧장 답하길, "순서가 바뀌었네요." 당연히 감사3이 첫 번째라고 지적한다. 까미노를 걷고 있으면서도 그걸 모르냐고 힐책한다. 아내는 내 감사가 마음이 아니라 입에서 나온 것임을 꿰뚫어 보았을까? 실제 나의 감사에는, 지금까지 누구보다도 잘 걷고 있다는 자만이 도사리고 있었던 모양이다.

모두들 앞서 가고

자만이 화를 불렀나? 겨우 1-2km를 걸었을 뿐인데 발목이 몹시 아파온다. 통증이 너무 심해져 첫 마을 어귀에 주저앉았다. 등산화의 목이 부은 발목에 닿으니 더욱 아프다. 등산

무심한 유채꽃 들판

화를 벗어 배낭에 넣고 샌들을 꺼내 신었다. 마침 어제 만난 한국인 여성이 말하던 일행이 도착하였다. 신도 7인이 신부님을 모시고 순례 중이다. 사과와 음료를 건네주며 격려해준다. 다시 힘을 얻는다. 한국인 일행이 출발한 뒤, 뒤따라 천천히 발걸음을 옮겼다. 달팽이가 되었다. 느릿느릿. 일행은 멀리 사라진다. 평소라면 감탄을 자아냈을, 눈앞에 가없이 펼쳐지는 유채꽃 향연이 오히려 짜증스럽기만 하다(S17 참조).

이렇게 고마울 수가, 마치 나를 기다리듯이 두 사람이 길가에 앉아 차분히 쉬고 있다. 한 분은 신부, 한 분은 여성 신도이다. 발이 불편한 여성 때문에 쉬고 있는 중이다. 신부도 나처럼 올해 안식년이라 한다. 금년 2월부터이니 3월부터인 나보다 선배인 셈이다. 친절하게 까서 건네주는 오렌지를 달게 받아 먹고 먼저 일어선다. 조심조심 걸어도 통증이 심해질 뿐이다.

정말 달팽이가 된 듯하다. 그것도 술에 취한 달팽이. 느릿느릿, 비틀비틀. 그 동안 이어폰으로 성경 낭송을 들으면서 걸어 왔는데,

때로는 뒤에서

때로는 곁에서

마침 예수가 십자가를 지고 골고다를 오르는 장면이다. 그분에 비하면 내 통증이야 아무 것도 아니지, 스스로 위안해 보지만 발걸음은 좀처럼 옮겨지지가 않는다.

문득 뒤에서 노래가 들려온다. 귀에 익은 목소리다. 돌아다보니 바로 전에 인사를 나눴던 신부님이나. 찬송가와 가곡을 부르다가 유행가도 마다하지 않고 계속 부르신다. 때로는 신도의 앞뒤에서, 때로는 곁에서. 낙오되지 않도록 여성에게 힘을 주는 것이다. 나도 허락도 없이 편승한다. 신부님 노래 덕분에 간신히 작은 마을에 도착한다.

수도원이 운영하는 알베르게는 여느 곳과 달리 조용하고 품위가 있다. 주방에서 여러 나라의 남녀노소가 식사 준비에 한창이다.

나는 식품가게에서 칠면조 다리 고기를 사와 스테이크로 굽는다. 내 일은 칠면조처럼 씩씩하게 달렸으면 하는 소원을 담은 것이다. 덴마크에서 온 부부가 합석을 권하며 포도주와 샐러드를 나눠준다. 가스불 앞에서 요리 중인 벽안(碧眼)의 한 아가씨와 눈이 마주친다. 미소가 예쁘다 했더니 활짝 웃는다. 활짝 웃는 젊음! 참 보기 좋다. 그녀 역시 우리나라 사람이라고 덴마크 부부가 자랑하면서 덩달아 활짝 웃는다. 좁은 주방이라 사람들이 더 화목한 듯하다(S10 참조).

식탁을 함께 한 덴마크 부부

빅 스마일 덴마크 아가씨

19.7km! 달팽이 걸음치곤 많이 걸었다. 합쳐 373.9km를 걸었나? 422.1km가 남았겠구나.

D13(4월 22일)

스페인 젊은이의 열정

까리온 데 로스 꼰데스(Carrion de los Condes) →
산 니꼴라스 델 레알 까미노(San Nicolas del Real Camino)

어제 묵은, 수도원이 운영하는 알베르게에는 여러 사람이 합숙하는 숙소 이외에 혼자 쉴 수 있는 별채가 있었다. 아픈 발을 달래볼 작정으로 욕조가 있는 방을 간절히 구했다. 다행히 한 곳이 있었다. 따뜻한 욕조 물에 발을 담그고 한참을 주물렀다. 발의 상태가 호전되기를 기대하면서, 오랜 만에 푹 자고 잘 쉬었다.

아침 일찍 일어나 발을 체크하니, 그러나 통증이 여전하다. 하루 쉴까? 버스를 탈까? 망설이다가 천천히 걸어보기로 했다. 가벼운 차림에 연인 커플이 휙 나를 스친다. 잠깐 동안에 저만치 멀어져 간다. 한 젊은 여성은 '노루'처럼 펄쩍펄쩍 뛰어간다. 역동하는 젊음이 넘쳐난다. 생동하는 발걸음을 나는 나의 그림자와 함께 서서 한동안 쳐다볼 뿐이다.

"참자, 천천히! 서둘지 말자."

가벼운 발걸음의 연인들

생동하는 젊은 걸음

오후가 되면서 어제의 신부님을 다시 만나 동행했다. 신부님은 마음속의 생각들을 쏟아놓았다. 대부분 우리나라와 민족에 관한 견해들이었다. 예를 들자면, 태극기를 보면 네 개의 괘가 태극을 둘러싸고 있는데, 사괘가 사대 강대국(미국 중국 러시아 일본)이고 태극이 우리나라이므로, 이들을 잘 활용하는 게 우리의 살길이자 세계의 평화를 이루는 길이라는 식이다. 하늘보다 땅에 관심이 더 많으신 분인가 보다. 온갖 노래를 불러주면서 뒤처진 신도를 이끌던 그 마음을 새삼 느끼게 한다. 사실 알고 보면 자신이 "움직이는 병동"이라 할 정도로 보호를 받아야 할 처지지만, 그는 신도의 불편한 몸이 먼저였다. 아무튼 그렇게 장시간을 함께 한 덕에 발의 통증을 잠시 잊고 걸었다.

부상투혼!

작은 동네를 향하여

마침내 작은 마을의 작은 알베르게에 도착했다. 투숙객 전부가 겨우 다섯 사람이다. 저녁 식탁도 물론 함께 했다. 스페인 청년 2인, 콜롬비아 청년 1인, 덴마크 아줌마 1인 그리고 나. 스페인 청년들은 영어를 못하고, 나와 덴마크 여성은 스페인어를 거의 못하니, 자연 콜롬비아 청년이 동시통역을 맡았다. 잠자리와 식사를 함께 했으니 그야말로 한 식구(食口)가 된 셈이다. 비록 단 하루지만.

스페인 청년들은 다정을 넘어 열정적이다. 자신들이 먹던 음식을 덜어주면서 한사코 먹어보라 한다. 맛있다는 몸짓과 함께. 또 콜라와 포도주를 섞은 음료도 자꾸 내민다. 맛보라고 한다. 스페인 사람들이 즐겨먹는 칵테일이라면서. 열정은 잠자리에 드는 순간

하루 식구

까지 이어진다. 내가 발이 불편하니까, 내 침상과 배낭 정리를 도와주겠단다. 순간 당황스럽다. 괜찮다고 손사래를 치면서 보니, 그 자신도 발목에 보호대를 차고 있다(S2 참조).

부상한 몸으로 무려 32.6km를 걸었다. 406.5km를 걷고 389.5km를 남겼다. 사실 돌이켜 보니 무모한 짓이다. 반(400km)을 넘기고 싶은 욕심을 이기지 못했던 것이다.

D14(4월 23일)

자매같은 모녀

산 니꼴라스 델 레알 까미노(San Nicolas del Real Camino) →
엘 부르고 라네로(El Burugo Ranero)

아니나 다를까, 탈이 났다. 눈을 뜨자마자 발을 움직여 보니 많이 아프다. 조심스레 발을 바닥에 내려놓는데 도저히 설 수조차 없을 것 같다. 난감하다. 앞 침상의 스페인 청년이 무언가를 건넨다. 자신이 차고 있던 발목 보호대다. 손사래를 쳐도 막무가내로 내민다. 손짓발짓으로 자기보다 내가 더 아프니까 차라고 한다. 그리고 어디서 버스를 탈 수 있는지 인터넷 검색을 하여 알려준다.

"다음 고을에 버스가 있는데, 일요일이라 … "
"그래, 주(州) 수도인 레온León까지 버스를 타고 이동하자."

문제는 내가 묵은 마을은 워낙 작은 곳이라 버스가 들어오지 않는다는 것! 다음 고을까지는 내 발로 걸어가야 한다. 7km 남짓 되는 사아군Sahagún까지 천신만고 끝에 어렵게 도착하여, 곧장 버스

정류장을 찾았다. 이것은 또 무슨 청천벽력인가, 일요일에는 운행을 하지 않는단다. 스페인 청년의 우려가 현실이 됐다. 안식일을 잘 지키는 천주교의 나라라는 사실을 실감케 한다. 혹여 하고 기차역을 찾았다. 문이 닫혀져 있다. 관광 안내소도 닫혀있기는 마찬가지다. 진통제라도 사려고 했더니 약국마저 문을 닫았다. 어렵사리 얻은 정보에 의하면 오후 늦게 열차가 있긴 있다고 한다.

때마침 한국의 신부 일행이 도착했다. 진통제를 얻어 넉넉하게 한 번에 털어 넣었다. 무작정 기다리느니 천천히 걸어보자. 의외로 걸어진다. 속도나 거리 따위는 다 포기하고 그저 뚜벅뚜벅 걷는데, 신기하게 점점 좋아지는 느낌이다.

"고맙다. 발아!"

여러 사람이 응원한 줄을 발이 알았나 보다. 신부 일행 중 한 어르신네는 수지침을 가르쳐주었고, 대만의 한 아가씨는 자신이 쓰던 연고를 통째로 주었고, 그리고 숙소 근처의 바(Bar)들은 찜질용 얼음을 아끼지 않았다. 게다가 스페인 청년은 자신의 발목 보호대를 벗어주지 않았던가. 아무튼 전화위복(轉禍爲福)! 버스가 없는 덕분에 계속 걷게 되었다. 마침 길가의 철제(鐵製) 순례자 상이 빙그레 웃는다(S2 참조).

도중의 작은 마을, 길가 카페에서 뜻밖의 사람이 나를 반긴다. 부러울 정도로 사이가 좋아 보이는 모녀이다. 영화연출을 전공하는 딸 하정이와 그 엄마다. 며칠 전, 공립 알베르게에서 내가 미처 챙기지 못한 자료를 친절하게 보여주면서, 사진으로 찍도록 해준 모녀이다. 중간 중간 차를 타고서 이동하여 왔다면서 나의 상황을

철제 순례자 상

다정한 모녀

묻는다. 부상 투혼을 듣더니 대단하다고 치켜세운다. 힘이 솟는다.

다시 힘을 내서 뚜벅뚜벅 걷는다. 드디어 예정한 마을에 도착한다. 황새가 둥지를 틀고 있는 마을 교회가 반겨 맞는다. 교회는 마을의 규모와 현황을 가장 잘 보여준다. 오는 도중에 황새가 종탑을 차지하고 있는 정경을 자주 본지라 새삼스럽지가 않다. 우리나라에서 이미 멸종된 황새가 이렇게 많다니, 부럽기도 하면서도, 한편 신앙의 쇠락을 보여주는 것 같아 씁쓸하기도 하다. 동네 자원봉사자가 운영하고 있는 이곳 알베르게는 좀 유별나다. 등록을 하는데 숙박비가 없단다. 그러면서 푯말을 가리킨다. 알아서 기부금을 벽에 뚫어놓은 구멍에 넣으라고 적혀 있다. 설마 고등 상술은 아니겠지? 10유로를 넣었다.

침상을 하나 고르고 짐을 정리하는데 사이좋은 모녀가 바로 옆

황새가 깃든 동네 교회

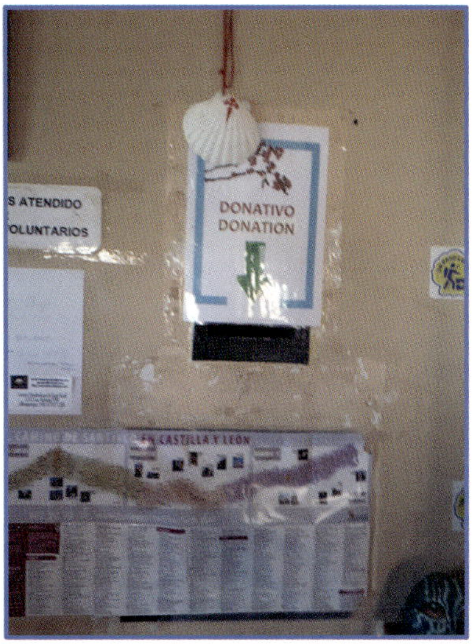

무료 숙박, 자유 기부

침상에 든다.

"자네는 참 좋겠다. 엄마가 이렇게 까미노를 보내주니."

"아니에요, 제가 알바해서 돈 모아 왔어요. 엄마가 따라오신 거죠."

"예쁜 딸, 걱정이 되셨나 보지."

"엄마도 힐링healing이 필요하신가 봐요."

제힘으로 여비를 마련하고 엄마를 챙기는 모습이 보기 좋다.

오늘은 욕심내지 않고 천천히 걸었다. 50분마다 걸음을 멈추고 쉬면서 발목을 주물렀다. 그리고 발에게 진심으로 말했다(S17 참조).

"미안하다. 다 너의 덕인데 그동안 너무 무심했다. 조금만 버텨 다오. 고맙다. 다시는 혹사시키지 않을 터이니."

25.3km를 천천히 오랫동안 걸었다. 431.8km를 걸었으니 364.2km가 남았다.

D15(4월 24일)

발병이라는 친구

엘 부르고 라네로(El Burugo Ranero)
→ 아르까우에하(Arcahueja)

발목 상태가 좋지 않으므로 평소보다 일찍 서두른다. 천천히 오래 걷기 위함이다. 내 몸이 불편하니 몸 상태가 좋지 않은 다른 사람들이 눈에 잘 들어온다. 여태껏 무심한 눈으로 그냥 지나쳤던 모습이 말이다. 지팡이를 짚고 절뚝거리는 사람은 이제 부지기수(不知其數)이다. 하긴 오늘 아침, 한 여성은 주사기로 물집의 물을 빼고 있었다. 걱정스러워 쳐다 보는 내게 이렇게 말했다.

"걱정 마세요. 날마다 하는 걸요."

또 며칠 전에는 아예 하반신이 불편한지 특수 제작한 자전거에 누워 타고 가는 사람도 있었다.

"이들에게 비하면 나의 발쯤이야 별 거 아니지."

스스로 위로하고 격려하며 걸음을 재촉하지만, 말끔히 걱정이 가신 것은 아니다. 명색이 순례자인데, 발이 아프다니. 무사가 칼이 없는 셈이지 않는가. 이러다가 결국 까미노를 걸을 수 없게 되

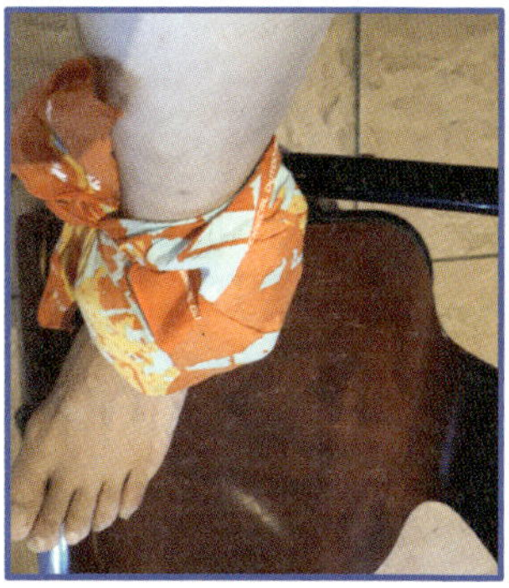

얼음찜

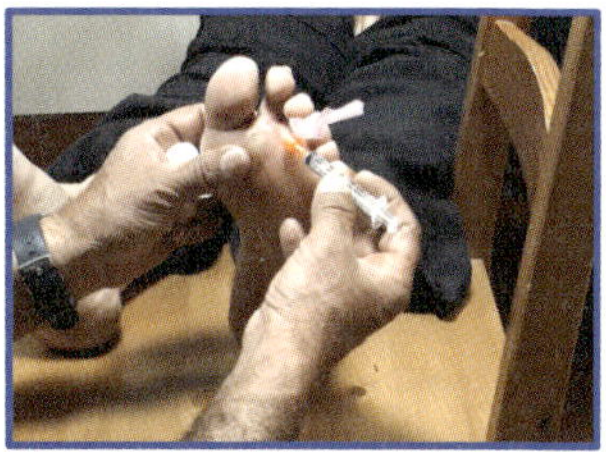

물집 치료

특수 자전거

는 것은 아닐까? 대환(大患)임을 인정하자. 그리고 현명하게 대처하자. 문득 노자(老子)의 한 문구를 떠올렸다.

귀대환약신(貴大患若身)!

대환을 자신의 몸처럼 귀하게 여기란 의미이다. 자신의 몸에 닥친 큰 병환을 자신의 몸뚱이처럼 소중하게 간주하라니? 상식적으로 납득하기 어려운 구절이다. 어쩜 이 문구를 제대로 이해할 기회가 왔고, 또 이로써 이 난관을 극복할 힘을 얻게 되리라고 나는 직감했다. 걸으면서 줄곧 생각의 끈을 놓지 않았다. 나의 화두(話頭)가 된 셈이다. 직감은 틀리지 않았다. 이런 생각이 마음에서 일

고풍스런 다리

어나는 것이다.

"발목을 다친 것은 잘 한 일이다. 만약 그렇지 않았으면 틀림없이 더 무리했을 터다. 그렇다면 심장은 괜찮았을까?"

나는 대환을 진심으로 귀하게 여기기 시작했다(S2 참조).

드넓은 들판과 오래된 고을이 교차하면서 길은 여전히 이어지고 있다. 들판에는 로마 시대 토목 기술이 살아있는, 멋진 다리가 놓여 있고, 마을에는 그 마을 규모에 딱 어울리는, 정겨운 교회가 서 있지만, 생각에 잠긴 발걸음을 오래 붙잡지 못했다. 이름도 기억할 여념이 없이, 종일 명상하는 양 걸었다.

소담한 교회

비록 발이 불편하지만 천천히 오래 동안 걸어서 30.5km를 주파했다. 감사한 마음으로 발을 주물렀더니 발이 힘을 내줬나 보다. 총 462.3km를 지나왔으니 이제 남은 길은 333.7km이다.

D16(4월 25일)

웅장한 성당과 소박한 숙소

아르까우에하(Arcahueja) →
산 마르띤 델 까미노(San Martin del Camino)

일찍 서두른 덕분에 이른 시간에 레온에 도착했다. 레온은 대도시지만 군데군데 중세 성벽이 남아 있고, 인적이 드문 거리는 유달리 깨끗하여 부러울 정도이다. 알고 보니 열심히 청소한 사람이 있었다. 마치 소방수(消防手)처럼 대형 호스로 연신 물을 뿌려대고 있다. 뛰어난 시민의식 덕분에 유럽 거리가 깨끗한 것만은 아닌 것 같다. 어디나 보이지 않게 일하는 사람이 있는 법이리라.

마침내 눈앞에 장중한 레옹 대성당이 보인다. 아직 관광객이 몰려들기 전이어서 대성당은 그 경건함을 고스란히 간직하고 있다. 그런데 한 시간은 더 기다려야 한다. 성당을 한 바퀴 돌아봐도 시간이 한참 남는다. 기실 나는 어마어마한 성당을 보면 본능적으로 거부감을 느낀다. 과연 저 엄청난 건물을 과연 하나님이 원하시는 걸까? 성직자들이 원하는 걸까? 얼마나 많은 농노들이 얼마나 많은 피땀을 흘렸을까? 아니, 남미 식민지의 원주민들은 얼마나 착취를 당했을까? 작은 성당이 거대하게 확장되는 때는 대체로 식민지 경영 시기가 아닌가? 이런 식의 생각들이 떠오르기 때문이다.

그냥 떠날까 망설이는데, 육중한 성당의 돌 벽 군데군데 마치 낡은 가죽처럼 보이는 것들이 눈길을 끈다.

"아, 맞다. 스테인드글라스가 유명하다고 했지?"

길가 카페에서 차 한 잔을 마시고, 성당이 문을 열자마자 선두 그룹에 끼어 들어선다. 와! 감탄이 절로 나온다. 그 성스러운 분위기, 직전에 품었던 속념이 싹 가신다. 역시 압권은 스테인드글라스다.

중세 성벽

새벽 거리 청소

레옹의 대성당

대성당의 스테인그라스

"밖에서 볼 때는 허접하기 짝이 없는 것이 이렇게 아름다운 빛을 품고 있다니, 노자가 말한 '피갈회옥(被褐懷玉)'이 이것이겠지?"

서둘러 기념품 가게를 찾아, 레옹 대성당의 스테인드글라스 사진첩을 한 권 샀다. 제법 가격이 나가는 만큼 묵직한 책이지만 주저하지 않는다. 조금이라도 배낭

중국인 잡화점

의 무게를 줄이려고 이것저것 버렸지만 말이다. 책은 물론 스테인드글라스를 전공하는 사위와 딸에게 주기 위함이다. 겉모습보다 내면이 아름다운 가정을 이루라는 소망을 담아서(S16 참조).

대성당을 나서자 지루한 도시의 길이 이어진다. 차량 통행이 잦은 도회지에서, 중간 중간 끊기고 기울어진 보도를 걷는 것은 딱 질색이다. 보도가 행인에게 편하지 않다는 것은 아이러니다. 보도는 차량과 도시를 위함이지 행인을 위한 것은 아니다(S18 참조). 종종 붉은 색 간판을 내건 잡화점이 보이는데 어김없이 중국인이 경영하는 상점이다. 비단 장사 왕 서방은 그야말로 세계적인 듯하다. 최소한 레옹의 잡화점은 중국인이 독차지하고 있는 모양이다.

늦어가는 오후, 급격히 체력이 고갈되는 느낌이다. 쉴 곳이 절실할 무렵, 큰길가에 알베르게가 한 곳이 있다. 일단 반갑긴 하다. 그런데 머뭇거려진다. 가건물인데다가 "아침 7시 이전 폐문(閉門), 6시반 이전 기상 금지"라는 팻말도 못마땅하다. 그러나 마지못해 들어선다.

뜻밖이다. 기대를 훨씬 뛰어넘는 최고의 알베르게이다. 보기와

대로변 알베르게

가져가기 또는 놓아두기

달리 내부는 깔끔하고 시설은 잘 갖추고 있다. 한 직원이 불편한 내 발목을 보더니 얼음찜질용 팩을 권하다. 그리고 영국 청년에게 양해를 구해 일층 침대를 마련해준다. 지금 상태로는 침상 이층을 오르내리는 게 어렵기 때문이다. 저녁 식사 역시 환상이다. 빠에야, 샐러드, 햄, 하몽, 치즈, 디저트에다 병 채 내놓은 포도주까지. 식탁에 둘러앉으면 오늘 하루는 다 식구가 된다. 삼촌과 함께 온 이탈리아 꼬마 숙녀에게 물었다.

"왜 걷느냐?"
"까미노가 있기 때문이죠."

식당 겸 거실 한 구석에 잡동사니가 쌓여있다. 그리고 푯말이 붙어 있다(S7 참조).

"가져가기(TOMA) 또는 놓아두기(DEJA)"

이른 아침 출발을 금지하는 팻말이 혹 장삿속은 아닐까? 아침 식사를 억지로 먹게 하여 돈을 벌자는 생각이러니 하는 의구심이 싹 가신다. 알베르게 주인은 순례자의 안전을 염두에 둔 것이리라 (S22 참조).

불편한 발 치곤 많이 걸었다. 31.5km를 보탰으니 493.8km가 된다. 이제 302.2km가 남았다.

D17(4월 26일)

당근 먹는 셰퍼드

산 마르띤 델 까미노(San Martin del Camino) →
무리아스 데 레치발도(Murias de Rechivaldo)

오전 9시, 다리가 무척 인상적이다(S4 참조). 오스삐딸 데 오르비고Hospital de Orbigo라고 불리는 고을의 명물이다. 스무 개 남짓한 아치로 이루진 이 다리는 까미노에서 가장 길 뿐만 아니라, 한 기사가 약속을 지키기 위해 결투를 치렀다는 이야기로도 유명하다고 한다. 다리를 사이에 두고 두 마을로 나누어져 있는데, 하루쯤 머물면서 쉬고 싶은 곳이다.

오르비고 다리(위)

오르비고 다리(옆)

예쁜 마을을 벗어나 끝이 보이지 않는 평야와 언덕을 지나다 보면, 크고 작은 마을들을 거쳐야 한다. 어느 마을이든지 교회가 없는 곳은 없다. 마을 규모에 맞게 크고 작은 차이는 있지만 말이다. 유달리 네모 반듯반듯한 교회가 근엄하게 쳐다 본다. 마치 예배도 드리지 않고 그냥 지나가느냐 하는 듯하다. 또 한참을 가니, 샘터와 더불어 반가운 글씨, 한글이 나를 반긴다.

"신앙은 건강의 샘"

한글 이외에도 여러 나라 말로 동일한 내용을 반복하여 적고 있다. 그저 노닐기 좋은 곳으로 여기고 흥청대는 객들을 나무라는 듯하다.

반듯한 성당

신앙은 건강의 샘

지루한 길을 얼마나 걸었는지 모른다. 멀리 마을이 보인다. 반가운 마음에 발길이 빨라지는데, 거대한 육교가 가로막아 한참을 우회해야 한다. 고속기차의 안전을 위해 행인을 불편하게 하는 시설이라 짜증스럽다. 육교에 짜증이 난 터라 마을마저 마뜩치가 않다. 잠시 쉬지도 않고 통과해버린다(S12 참조).

오후 5시를 넘어선다. 이제 쉬어야 할 시간이다. 100년 된 농가를 개조하였다는 알베르게를 찾아 든다. 색다른 분위기이다. 한 직원은 만다라를 그리고 있고, 유달리 유순한 셰퍼드 개는 덩치에 어울리지 않게 당근을 씹고 있다. 주위에 식당이 없다. 선택의 여지가 없이 숙소에서 준비한 식탁에 앉는다. 오늘의 식구는 프랑스 부인 네 명이다. 부인네들은 모두 "퍼펙!"을 외치며 잘 먹는데, 어쩐지 내 입맛에 맞지 않는다. 처음으로 식사의 반을 남긴 채, 포도주로 아쉬움을 달랜다. 채식인가? 당근을 씹어 먹고 있던 셰퍼드의 기분을 알 것 같다.

100년 된 농가 알베르게

당근 먹는 개

오늘의 식구

오늘도 막무가내, 35.4km를 걸었다. 총 529.2km이니, 이제 남은 거리는 266.8km이다.

D18(4월 27일)

순례자를 위한 정식

무리아스 데 레치발도(Murias de Rechivaldo) →
엘 아세보(El Acebo)

오늘은 1,500m 고지를 넘는 여정이다. 멀리 설산을 배경으로 하고 있는 산등성이에 오르체스horces라고 불리는 관목이 마치 우리 산의 철쭉처럼 뒤덮은 모습이 장관이다. 오르락내리락 얼마나 걸었을까? 마침내 돌무덤 위에 우뚝 솟은 철(鐵) 십자가가 보인다. 우리의 서낭당이나 티베트의 돌무덤을 연상시킨다. 많은 사람들이 돌을 올려놓고 소원을 빈다. 나도 잠시 발길을 멈추고 고개를 숙인다. 가족과 친지들 생각도 잠시, 나라와 민족을 위한 기도가 절로 나온다. 물론 통일이다. 머나먼 이국땅에 오면 어쩐지 큰 소망을 빌고 싶어지는 모양이다. 기실 여정 중에 짜증나는 질문을 받은 적이 한두 번이 아니었다(S25 참조).

"코리아라고요, 그럼 남쪽? 북쪽?"

"김정은에 대해 어떻게 생각하느냐?"

더욱 싫은 것은 재미삼아 건성으로 던지는 그들의 태도였다.

"제발 이 따위 질문은 우리 세대에 끝나게 하옵소서."

설산과 꽃

철 십자가

원래 투숙할 예정이었던 만하린Manjarin은 산 정상 언저리에 자리하고 있었다. 집 몇 채가 전부인 마을이라, 알베르게도 당연히 하나이다. 물론 규모도 작다. 하지만 정신 사나울 정도로 요란한 이정표가 발길을 잡는다. 독특한 너와지붕도 눈길을 끈다. 문제는 물이 귀해 샤워가 불가하고 화장실도 들어가고 싶지가 않다. 음식도 컵라면 같은 것이 전부인 듯하다. 어제 식사가 생각난다. 다음 마을은 7km, 더 가자. 무리한 보람이 있다. 돌과 나무로 이루어진 작은 마을이 매력적으로 보인다.

침상을 배정 받자마자 배낭을 팽개치고 동네를 돌아보기로 했다. 먹을 만한 식당을 찾기 위함이다. 어제 이상하고 야릇한 식사가 떠올라, 알베르게에 딸린 식당을 벗어나고 싶은 것이다. 육감이 끄는 대로 들어간 한 레스토랑, 순례자의 정식을 주문했다. 최고의 식사였다. 전채(前菜)로 나온 통통한 아스파라가스와 얄팍한 하몽의 조화가 입맛을 돋우고, 주식인 두툼한 산토끼고기 요리와 올리브기름으로 튀긴 감자는 흐뭇하게 배를 채우더니, 후식으로 치즈

요란한 이정표

소담한 마을

케이크가 달콤한 여운을 남겼다. 게다가 병 채로 내놓은 고급 포도주, 체면 불구하고 바닥을 비웠다. 어제 저녁, 당근을 씹고 있던 셰퍼드가 다시 생각난다. 이런 산토끼 고기가 얼마나 먹고 싶었을꼬?

아스파라가스와 하몽

산토기 고기와 감자

치즈 케익

고산을 넘는 여정인데도 33.1km를 걸었다. 562.3km를 걸어 233.7 km가 남는다. 부쩍부쩍 줄어드는 느낌이다.

D19(4월 28일)

발 빠른 일본

엘 아세보(El Acebo) → 까까베로스(Cacabelos)

발목이 부어 목이 있는 등산화가 불편하다. 샌들로 갈아 신었다. 간혹 돌길이 험한 곳도 있지만 내리막을 걷는 것이어서 샌들을 신기 잘했다는 생각이 들었다. 멀리 마을이 보인다. 늘 그렇듯이 교회 첨탑이 등대처럼 먼저 보인다. 그런데 두 개의 첨탑이 동시에 보인다. 드문 경우다. 동구 입구에 있는 교회는 사자(死者)를 위한 것이고, 동네 안에 있는 것은 생자(生者)를 위한 공간이다.

마을로 내려가는 길

두 개의 교회

마을을 막 벗어나기 직전, 길 모서리에 작은 기념비가 서있다. 일본인이 세운. "까미노 우호 기념비"다. 일본은 이처럼 도처에 자국의 순례길을 적극 홍보하고 있다. 그런데 우리나라의 경우는 보이지 않는다. 실제로 현재 까미노를 걷는 이의 숫자는 우리나라가 일본을 압도하는데 말이다. 그제(D17) 당근 먹는 개가 있던 알베르게에 방문객을 표시한 지도가 단적으로 보여주듯이 동양인 가운데 가장 많을 뿐만 아니라 유럽 어느 나라와도 맞먹을 정도다. 게다가 제주도 올레길처럼 멋진 길이 얼마나 많은가! 이런 상념에 젖어 한창(7km)을 걷다보니 폰페라다Fonferrada라는 도시가 나온다. 복잡한 도심을 통과하는데 까미노 표지가 눈에 잘 들어오지 않는다. 겨우 겨우 행인에게 물으면서 갔지만 결국 길을 잃고 말았다. 갈팡질팡 하다가 겨우 도시 거리를 빠져나왔다. 커다란 설치 미술 등이 눈길을 끌지만, 고즈넉한 까미노가 그리울 뿐이었다.

일본 기념비

까미노의 아시아인

까미노는 도시보다 시골이 적격이다. 작은 마을에 다소곳이 자리한 교회, 그 소담한 모습이 너무 정겹다. 더구나 탑 위엔 황새가 앙증맞게 둥지를 틀었다. 오늘 묵을 곳도 도시가 아닌 자그마한 고을이다. 알베르게에 짐을 풀고 동네 바를 찾았다. 가장 특색 있고 맛있는 전통 음식을 추천해 달라했더니 소 곱창 요리를 권한다. 아울러 송아지고기 조림도 함께 추천하면서, 입가심 하라고 해바라기 씨앗을 내민다.

"여기가 서유럽 맞나?"

이국적이라기보다는 오히려 친숙한 토속 음식을 대하는 느낌이다. 원래 민초(民草)들의 삶은 동서 구별이 크지 않으리라.

작은 교회

소 곱창 조림

해바라기씨앗

샌들이 처음엔 가볍고 단출해서 편했다. 좀 걷다 보면 어느새 익숙해지고, 결국 아무런 느낌이 없어진다. 등산화를 신었는지 샌들을 신었는지 감각이 없어진다는 의미이다. 그러다가 불편해지기 시작한다. 이번에는 발바닥이 아픈 것이다. 특히 자갈길을 걸을 때는 샌들을 당장 벗어버리고 싶어진다(S19 참조).

오늘 33.4km는 샌들이 걸었다. 누적 거리 595.7km, 남은 거리 200.3km이다. 200km가 코앞이다.

D20(4월 29일)

함께 걷자, 신혼부부

까까베로스(Cacabelos) → 오 세브레이로(O' Cebreiro)

이른 아침 시골길은 산토끼 가족들의 터전이다. 서너 마리 씩 짝을 지어 길가에서 풀을 뜯기도 하고, 달리고 쫓으며 놀기도 한다. 그러다가 인기척에 놀라 후다닥 사라진다. 평화로운 산토끼 가족의 아침 일상을 방해해서 미안하다. 들판을 지나오면서 "개인 사냥터"라는 팻말을 자주 보았는데 아마도 이 산토끼가 주요 사냥감이었던 모양이다. 일전에 감탄하며 먹은 산토끼 요리가 생각난다. 이렇게 노닐다가 사냥꾼에게 잡힌 것일까? 문득 너무 맛있게 먹었던 게 멋쩍어진다. 비야프랑카 델 비에르소Villafranca del Bierzo라는 긴 이름을 갖고 있는 고을에 도착해서야 산토끼에 대한 미안한 생각이 잊혀졌다. 오랜 세월이 켜켜이 쌓인 웅장한 성벽과 굳건한 신앙심이 빚어낸 장엄한 성당이 너무나 인상적인 덕분이다.

고을을 벗어나자 힘차고 넓은 물살을 거느린 계곡이 기다리고

성벽

성당

있다. 수량만큼이나 물소리도 우렁차다. 언젠가는 저 물이 줄어들고 소리도 작아지겠지. <도화원기(桃花源記)>의 어부가 생각났다. 저 계곡물이 끝나면 '무릉도원'이 나올까? 열심히 걸었지만 줄어들 기색이 별로 없다. 그만큼 계곡이 길고 깊은 모양이다. 뭐든지 지나치면 지루해지는 법, 짜증이 나려고 할 무렵 라면·공기밥·김치라는 선전이 확 눈에 들어온다. 그런데 7유로! "비싸지만 한 번 먹어봐?" 갈등하던 참인데, 오후 1시가 되어야 식당 문을 연다고 적혀 있다. "다행이다. 유혹에 빠지지 않았다." 평소, 외국까지 와서 라면을 애써 찾아 먹는 한국인의 '라면 사랑'을 엄히 비판하여 오지 않았던가(S24 참조).

계곡 곳곳에 "개인 소유 낚시터"라는 팻말이 서있다. 계곡의 물고기도 다 주인이 있구나. 마침내 계곡물이 다해간다. '무릉도원'이 멀지 않다. 짠하고 나타나는 것은 '목장'이다(S21 참조).

고개 위에 갈리시아Galicia 주(州) 경계를 알리는 표지가 서있다. 사진을 찍으려니 유럽 아줌마 두 명이 기꺼이 모델이 되어준다.

라면 광고

무릉도원

마침내 전통 가옥이 인상적인 산마을, 오 세브레이로에 도착했다. 교회가 돌집이다. 돌집의 매력에 끌려 들어갔더니, 마침 예배 중이다. 들어도 무슨 말인지 모르지만 나도 모르게 두 손을 모으고 한참 동안 앉는다. 신부의 목소리가 참으로 감미롭게 들려온다.

주 경계 표지

금강산도 식후경! 산마을인데 커다란 문어 광고를 내건 식당에 들어섰다. 당연히 문어를 주문하였다. 바닷가가 아닌 산꼭대기에서 먹는 문어 맛은 나름대로 별미이다. 포도주와도 잘 어울린다. 게다

전통 가옥

돌집 교회

가 또 한 가지, 이 지방 토속 음식이라고 권한다. 영락없는 우리의 시래기국! 된장 기가 좀 아쉽긴 하지만 찬 몸을 훈훈하게 해주는 것은 별반 차이가 없다. 시장이라는 반찬까지 더해서 주위에 누가 있는지 아랑곳하지 않고 먹고 마신다.

"어디서 오셨어요?"

음식을 건네주며 종업원 아줌마가 묻는다.

"한국이요."

"저 사람들도 한국에서 왔다고 하던데…"

이제야 사람들이 눈에 들어온다. 한국인 젊은이 두 쌍이 나와 같은 식당에 있는 것이다. 한 쌍은 약혼여행이고 다른 한 쌍은 신혼여행이라고 한다.

산마을 별미 문어

산마을 시래기국

까미노 연인들

"까미노를 함께 걸은 부부는 평생 싸우지 않고 잘 산다!"라고 덕담을 건네며 축하했다. 그들도 잘 살겠다고 다짐했다. 증거를 남기겠다고 하니 기꺼이 포즈를 취한다. 혹 책을 쓰게 되면 싣겠다고 약속했다.

많이 걸었다. 오늘 36.9km를 걸어서 총 632.6km를 지났으니 이제 163.4km가 남았나 보다.

D21(4월 30일)

사월 마지막 날의 눈보라

오 세브레이로(O' Cebreiro) → 삔또(Pinto)

역시 이른 아침 출발하는데 제법 비가 내린다. 행인에게는 불편하지만 모처럼 내리는 비라 고맙게 받아들이고 싶었다. 들판 도처에서 양수기로 물을 대고 있는 모습을 안타깝게 보와 왔던 터이다. 고개(1,270m)를 넘어가는데 비가 진눈깨비로 바뀐다. 그것도 잠시, 다시 눈보라로 변하여 몰아친다. 결국은 함박눈이 되어 쏟아지니 온천지가 순식간에 은빛 세계로 바뀐다. 어제 무리해서 산 정상까지 올라왔던 것이 잘했다 싶다. 평지와 내리막이라 그나마 다행이지, 험한 오르막에서 이런 날씨를 만났다면 큰일 날 뻔했기 때문이다. 이렇게 자화자찬으로 스스로 격려하며 묵묵히 걷는다. 슬슬 걱정이 된다. 눈보라 속에서 산등성이를 걷다보면 앞에도 뒤에도 아무도 없는 경우가 빈번한 탓이다. 과연 길을 제대로 가고 있는가 할쯤에 앞서 가는 사람이 보이기라도 하면 절로 안도의 한숨이 나온다. 설혹 누군가가 휙 나를 앞질러가도 고마울 뿐이다.

눈사람

은빛 천지

사람이 이렇게 반가운 적이 또 있던가? 부재가 있음에 존재의 귀함을 아는 것인가 보다.

도중에 자리한 작은 산간 마을, 그리고 차를 마시며 몸을 녹일 수 있는 카페는 마치 사막에서 만나는 오아시스 같다. 게다가 우리나라 젊은이들을 만나, 편한 우리말로 서로를 격려하니 절로 힘이 솟는다.

다시 걷는다. 이번에는 날씨가 변덕을 부린다. 눈보라가 치는가 하면 햇빛이 나온다. 햇빛의 고마움을 만끽하기도 전에 이번에는 우박이 떨어진다. 우박이 큼직해서 얼굴이 아플 정도이다. 마치 히말라야 등정이나 되는 것처럼 힘들다. 겨울옷을 챙기라고 채근했던 아내가 고맙다. 방한용 옷과 방풍 외의가 없었더라면 정말 큰일 날 뻔했다.

악전고투(惡戰苦鬪) 여섯 시간 만에 트리아까스텔라Triacastela라는 작은 고을에 도착한다. 뜻밖에 마을 입구에 우리 황소가 반긴다. 물론 아니지만 모습이 영락없는 우리 한우 누렁이다. 곡식창고 건물도 우리네 곳간을 닮았다. 동구 밖 고목도 우리 시골의 당산나무와 진배없다. 다만 마을 사람들이 제사를 지내거나 빈 흔적이 없을 뿐이다. 마을을 품고 있는 대자연의 장구함을 일깨워준다. 사람 사는 마을이 이보다 정겨운 적이 있었던가? 다 오늘 실컷 한 고생 덕분이다.

누렁이

곳간

고목

어느새 여유를 되찾고, 마을을 마실한다. 이집 저집 기웃기웃거리다 손님이 가장 많은 레스토랑을 찾아든다. 배낭이 거의 보이지 않는 걸 보니 손님은 대부분 현지인인가 보다. 메뉴를 보여주는 멋진 총각에게 <오늘의 정식>을 가리킨다. 풍성하다. 맛있다. 버섯과 새우를 넣은 달걀 스크램블이 전채(前菜)이다. 벌써 입속이 달콤하고 뱃속이 든든하다. 주 요리는 연어 스테이크, 푸짐하다. 그리고 포도주 한 병. 밥값 10유로가 미안할 정도이다. 지치고 시장한 탓에 허겁지겁 먹고 마시고 나니 살 것 같다. 이제 산

오늘의 정식

미녀 삼총사

마을 카페서 만났던 우리네 젊은이들이 생각난다. 내가 미녀 삼총사라 불렀던 여성들이다.

"이런 악천후를 뚫고 무사히 산을 넘어 왔을까? 별 걱정을 다한다. 젊음이 무기이라는 말도 있잖은가?"

먹고 기운을 차리고 나니 갈등이 생긴다. 악천후 속에 오랜 시간 산행을 했으니 원래는 이 마을에 묵을 계획이었다. 아직 대낮인데다가, 겨우 20km밖에 오지 않았느니 좀 더 걷고 싶은 생각이 드는 것이다. 마을을 벗어날 무렵 안내판이 보인다. 다음 도시 사리아Sarria까지 가는 길이 두 가지이니 선택해야 한다. 하나는 18km, 하나는 12.8km이다. 은근히 빨리 주파하고 싶은 욕심이 있던 터라 별 주저 없이 후자를 선택했다. 짧은 길의 경우, 도중에 묵을 곳은 물론 쉴 곳마저 없다는 경고성 설명 따위는 대수롭지 않게 여겼다. 포도주가 언제나처럼 나를 용감하게 만들어 준 것이다.

처음에는 잘한 선택이라고 느낄 정도로 고즈넉한 분위기가 좋았다. 야산과 들녘이 한없이 이어진다. 인적이 없다. 인가 몇 채인 마을이 한두 곳 있지만 잠시 쭈그리고 앉을 공간마저도 마련해 두지 않았다. 아마 외부 사람들의 통행을 반기지 않은지도 모른다. 가게나 카페는 눈을 씻고 봐도 당연히 없다. 오후 5시가 넘어간다. 날씨는 비가 오락가락 하여 쌀쌀해진다. 순간 겁이 난다. 이러다가 길거리에서 날을 새야하는 건 아닌지. 며칠 전(D19) 한 쉼터 벽에 누군가가 써놓은 시조 낙서가 생각난다.

북천이 맑다커늘 우장 없이 길을 나니
산에는 눈이 오고 들에는 찬 비로다.
오늘은 찬 비 맞았으니 얼어 잘까 하노라

그날은 화창한 날씨여서 픽 웃었지만 오늘은 실감이 난다. 정말 이러다간 얼어 영원히 자는 것은 아닐까?

목초지

시조 낙서

온몸에 힘이 쭉 빠진다. 결국 주저앉았다. 지금까지는 50분 걷고 10분 쉬면 회복이 되어 다시 걷곤 했었다. 이번에는 다르다. 10분이 멀다하고 앉아 한참을 쉬었다 일어나도 단 10m를 걸을 수가 없다. 난감하다. 스페인 젊은 커플이 걱정스레 묻더니 아예 옆에 쭈그리고 앉는다. 멀지 않는 곳에 호텔이 있다고 하면서 격려해준다. 덕분에 절룩거리며 다시 걷는다. 저만치 호텔이 보인다.

가격 불문! 찾아들었다. 다행히 합리적인 가격이다. 게다가 가족(딸과 부모)이 오붓하게 경영하는 곳이라 친절하고 푸근하다. 빨래를 맡겼더니, 다리미질까지 하여 차곡차곡 잘 개서 가져다준다. 모처럼 집에 온 기분이다.

포도주로 인해 만용을 또 부린 날이다. 거듭 반성한다. 내 욕심이란 놈을 끄집어 낼 수 있다면 저 포도주와 함께 벌을 줄 텐데. 이런 생각도 잠시 어느새 포도주의 항변이 들려오는 듯하다(S3 참조).

"가만, 이런 호텔의 호사를 누린 것이 누구 덕분인데."

무모했지만 38.7km나 걸은 것도 다 포도주의 힘이리라. 671.3 km를 주파하고 124.7km가 남았으니 100km 이정표를 내일이면 보리라.

D22(5월 1일)

새로운 출발점

뻰또(Pinto) → 뽀르또마린(Portomarin)

7km를 더 걸어 어제의 목적지였던 사리아Sarria를 오늘에야 도착했다. 쾌청하게 바뀐 날씨에 행색이 산뜻한 사람들로 도시가 들썩대고 있다. 제법 규모가 큰 도시인데다가 끄레덴시알credencial이라는 순례자 전용여권을 발급해주는 곳이기 때문이다. 산띠아고 까미노는 여러 코스가 있지만, 어느 코스이든지, 또 어떻게 왔던지(차, 자전거, 말) 간에, 최종 목적지인 산띠아고 이전 100km는 걸어와야 순례자 자격을 인정한다. 사리아가 바로 100km 남짓에 자리하고 있다. 그래서 사리아에 오면 순례자 인원이 부쩍 증가한다. 대부분 여기서 끄레덴시알을 발급받은 사람들로, 가벼운 행장이 피크닉을 나온 듯하다. 길도 걸맞게 편하다. 특히 돌길과 나란히 졸졸 흐르는 도랑은 순례자의 발길을 한결 가볍게 해준다.

가벼운 행장의 나들이객을 보면 은근 으스대고 싶어진다. 물론 100km도 만만히 여길 거리가 아니지만 이미 근 700km를 걸어온 장거리 행인의 눈에는 피크닉처럼 보이기 때문이다. 아무튼 누구나 100km 표지를 찾기는 마찬가지이다. 마침내 도착! 열심히 셀카를 찍고 있는데 뒤따라온 아줌마들이 키득키득 웃는다. 스페인 사람이라고 밝힌 다음 웃는 이유를 말해준다. 이것은 누군가 장난으로 만든 가짜이고, 진짜는 조금 더 걸어야 한다고. 멋쩍음에 걸음을 재촉한다. 이번에는 진짜이다. 앞에 서라고 하더니, 사진을 찍어주며 축하와 격려를 건넨다. 암튼 이제부터는 부쩍부쩍

가벼운 행장의 순례자

도랑과 길

가짜 100km 표지

진짜 100km 표지

줄어들 것 같아 힘이 솟는다.

"자 가자, 고지가 바로 저기다."

마을 모퉁이에 작은 상점, 목도 마르고 잠시 쉴 겸 들렀다. 어! 내가 잘못 들어왔나? 온통 한국 식품이다. 반가우면서도 한 구석 씁쓸하다.

"한국 라면도 있고 김치도 있어요."

주인아줌마가 한 눈에 알아보고 내게 권한다. 한국인의 라면 사랑은 끝이 없나 보다. 여기까지 와서 굳이 김치와 라면 타령을 해야 하나 싶다(S24 참조). 얼마나 많은 사람이 찾았으면 이럴까? 발목을 주무르고 요기를 한 다음 발길을 돌렸다. 한동안 라면 진열

한국 라면 진열대

대가 어른거린다. 문득 귀 익은 소리가 들린다. 이번엔 한우! 물론 아니지만, 완연한 누렁이다. 쓸데없는 것에 너무 신경 쓰지 말라고 하는 듯, 또 울어댄다.

"반가우면 됐지, 사족(蛇足)은 왜 다셔?"

지쳐갈 무렵 강 너머로 목적지 뽀르또마린Portomarin이 시야에 들어온다. 멀리서도 산뜻한 마을 정경이 잘 보인다. 원래의 마을은 수몰되었고, 지금의 마을은 새로 조성된 지 얼마 되지 않는단다. 건물과 거리가 대부분 그래서 깔끔하다. 다만 어쩐 일인지 대성당은 고색창연하여 유구한 역사를 느끼게 한다. 아마 옛 건물을 고스란히 옮겨온 듯하다. 신흥 고장답게 다양한 등급의 숙박 시설을

누렁이

강 너머 마을 전경

마을 교회

갖추고 있다. 잠깐 쉬기만 하면 되므로 구태여 비싼 숙소를 택할 필요가 없다. 가장 대중적인 알베르게를 찾았다. 다만 공립이 아닌 사립을 골랐다. 대체로 공립은 규모가 크고 연륜이 있지만 편의 시설은 사립이 나은 편이기 때문이다. 현명한 선택이었다. 숙소 안 가득 편백나무 향기가 그윽하다. 침대를 비롯한 대부분의 가구와 시설이 편백나무로 만들어져 있나. 산림욕장에 들어온 것 같다 (S22 참조).

속도를 좀 늦춰 29.9km를 걸었다. 100km 이정표를 지나니 부쩍부쩍 거리가 줄어든다. 94.8km가 남았다. 701.2km를 밟아온 것이다.

D23(5월 2일)

춤추는 여인

뽀르또마린(Portomarin) → 빠라스 데 레이(Palas de Rei)

이른 아침, 안개가 가시지 않은 숲길을 걷는 것이야말로 까미노를 걷는 백미(白眉) 중의 하나이다. 세속을 벗어나 별천지로 들어서는가 싶다. 결국 안개가 걷히고 언제나 그랬다는 듯이 그림자가 또 나보다 앞장서 걸음을 재촉한다. 본격적인 걷기가 시작되는 것이다.

이 지역에는 가축 분뇨가 길거리 여기저기에 널려있다고 들어서 각오한 바이지만, 유달리 특유의 냄새가 대기를 가득 채우고 있다. 길가 들판에는 분뇨가 가득 쌓여 작은 산을 이루고 있다. 가축의 먹이가 되었던 풀이 이제는 자신의 출생지로 되돌아와 새로운 풀의 자양분이 되는 것이니, 알고 보면 눈살을 찌푸릴 것도 없다. 풀이야말로 진정한 들판의 주재자이리라. 우리가 흔히 쓰는 민초(民草)라는 말도 그러한 의미라면 좋겠다. 푹 삭았는지 좀 익숙해지자 은은한 향기가 나는 것 같다. 어릴 적 시골 냄새가 세월을 넘어 멀리 이국땅에 다시 피어나고 있다.

안개 숲

앞장 선 그림자

가축 분뇨 언덕

저 멀리 독특한 모습의 길손이 눈에 들어온다. 분홍빛 상의와 스타킹을 입은 여인(?)이 손에 무언가를 들고, 춤을 추면서 걷고 있다. 좀 걷다가는 서서 춤을 추고, 다시 걷다가 또 서서 춤을 춘다. 호기심에 열심히 걸어 따라잡았다. 웬걸, 남자다, 영국에서 온 신사란다.

춤추는 여인?

유쾌한 영국 신사

코믹한 복장에 호랑이 인형까지 손에 들었다. 그냥 너무 좋아 이렇게 걷고 있다고 한다. 뭐가 좋은지, 물어볼 틈을 주지 않는다. 덩실덩실 춤을 추며 앞서 간다.

드디어 오늘의 목적지인 빠라스 데 레이Palas de Rei이다. 아담한 교회가 정겹게 맞는다. 치장을 절제한 내부, 특히 심플한 유리창과 단출한 스테인드글라스가 길손에게 편한 느낌을 준다. 교회 바로 곁에 알베르게도 있다. 아마 교회와 무관하지 않은가 보다. 새로 단장했는지 깔끔하고 산뜻하다. 최신 건물인데다가 고급스러운 분위기여서 망설이고 있는데, 뒤에서 우리말이 들려온다.

“비싸지 않고 좋대요. 주방도 있고요.”

마을 교회

돌아보니 척 보아도 한국인인 두 아가씨가 웃고 있다. 인터넷에서 '강추'임을 확인했다고 한다. 지도 한 장 들고 걷고 있는 나에게 젊은 친구들의 정보력은 언제나 큰 힘이 된다. 말동무가 생기니 한결 편하게 숙소를 정한다. 직장 선후배인 그녀들을 위해 나의 '십팔번' 닭죽을 쒔다. 눈물을 글썽일 정도로 맛있게 먹는다. 이런 맛에 요리하는 것일까? 덩달아 나도 기분이 좋아진다. 옆자리 한국인들은 라면을 한 냄비 끓였다.

교회 내부

26.1km를 걸었다. 727.3km를 왔으니 앞으로 갈 길은 68.7km이다. 완주를 눈앞에 두고 있다. 뿌듯하다. 그런데 뭔지 아쉬워지는 이 느낌은 왜일까?

D24(5월 3일)

손 내린 예수

빠라스 데 레이(Palas de Rei) → 아르수아(Arzúa)

까미노를 걸으면서 줄곧 이어폰으로 성경을 들어왔는데, 오늘은 <전도서>를 낭송하고 있다.

헛되고 헛되며 헛되고 헛되니 모든 것이 헛되도다.
해 아래에서 수고하는 모든 수고가 사람에게 무엇이 유익한가?
한 세대는 가고 한 세대는 오되 땅은 영원히 있도다. …

중국문학을 전공하는 나에게 너무나 익숙한 내용이다. 한마디로 강산은 의구(依舊)한데 인걸(人傑)은 간데없다는 것! 물론 동서양의 궁극적 지향은 다르겠지만, 대자연 앞에 인간이 미약한 존재에 지나지 않는다는 인식이야 다를 게 없는 모양이다. 중세 이후 까미노를 오갔던 수많은 사람들은 지금 다 어디 갔을꼬? 까미노는 예와 다름없을 터인데.

상념도 잠시, 잘 가꾸어진 숲길을 걷는데다가, 부쩍부쩍 줄어드는 표지석의 숫자(km)에 신이 나서 발걸음이 절로 가벼워진다. 심폐를 말끔히 씻어주는 숲길을 지나자 마을로 향하는 다리가 나온다. 다리 너머로 멀리 마을 교회 탑이 보인다. 다리위에서 내려본 물길이 참으로 아름답다. 물이 있는지조차 모를 정도로 맑다. 물이 아니라, 바람에 실려 온 빛이 시내를 채우고 반짝이고 있는 듯하다. 산수화 이론에서 산수는 '볼만한 곳(可觀)'이나 '노닐만한 곳(可遊)'보다는 '살만한 곳(可居)'이어야 한다는데, 이런 경치를 두고 한 말이리라. 그냥 주저앉고 싶어진다. 메리데Melide라는 작은 마을이다.

숲길

마을 시냇물

마을 다리

마을 교회는 평범할 정도로 소박하지만 어쩐지 발길이 끌린다. 나만이 아니다. 많은 순례자들이 들락거리고 있다. 들어 가보니 실내도 그저 평범하다. 발길을 돌리려는 순간, 아니 이상하다. 십자가의 예수가 독특하다. 한 손을 십자가에서 내려 땅을 가리키고 있는 것이다. 관리인에게 이유를 물으니 모른단다. 혹 무지하고 불쌍한 인간을 잡아 올리기 위해서가

손을 내린 예수

아니냐고 하니, 그럴지도 모르겠다고 웃는다. 마지막 순간까지 예수는 하늘보다도 땅에 관심을 두었던 것은 아닐까? 아니면 성지(聖地)만 찾지 말고 현실을 직시하라는 꾸짖음일까?

발목이 다 나은 듯하다. 거기에 목적지가 가까워진다는 사실에 들떠 자꾸만 과속을 한다. 7-8km가 남은 후반에는 크게 고생을 했다. 몇 걸음 걷고 주저앉아 쉬기를 반복했다. 발과의 약속을 잊고 자만한 것이다. 겸손은 언제나 미덕인 걸, 신중도 그의 좋은 벗인데 말이다. 다행히 드넓게 펼쳐지는 목초지가 걷기 좋아서 간신히 힘을 낸다.

아무튼 어렵사리 목적지 아르수아에 도착했다. 19세기 이후 순례길이 복원된 뒤 덩달아 발전한 신흥 고을이다. 역사적인 문화

탁 트인 들판

푸짐한 문어 요리

재는 물론 그럴싸한 볼거리도 거의 없다. 평범하고 소박하다. 동네 뒷골목의 바를 찾았다. 우리네 선술집 같은 곳이다. 현지인이 즐겨먹는 문어 요리를 시켰다. 산 마을(D20)에서 먹은 것(감자를 깔고 문어를 올린)과 비교가 안 된다. 오로지 문어만을 담은 접시가 푸짐하다. 문어살도 두텁고 탱탱하다. 주인 할머니에게 토막말이나마 스페인어로 주문한 덕에 특별히 많이 주신 것인가? 이래서 몇 마디라도 현지어를 배우라고 하는가 보다. 현지의 일상으로 들어가는 열쇠이니까 말이다. 여행의 참맛은 잘 꾸며 보여주는 것에서 얻는 게 아니다. 그냥 그대로를 접해 보아야 참맛을 알 수 있다(S6 참조).

서두르는 마음을 붙잡으며 28.4km를 걸었다. 755.7km를 걸었고 이제 겨우 39.3km가 남았다.

D25(5월 4일)

아직 살아있음에

아르수아(Arzua) → 뻬드로우소(Pedrouzo)

남은 길이 얼마 되지 않거니와, 숲과 산길로 이루어진 길도 걷기에 딱 적격이다. 그래도 방심은 금물이다. 어제 크게 고생했던 것을 떠올리며 다시 50분 걷고 10분 쉬기를 철저히 준수한다. 아울러 보폭(步幅)도 줄인다. 이렇게 여유를 가지니 주변 경치가 눈에 잘 들어온다. 잘 가꾸어진 숲은 탐이 나고, 숲 터널 속을 걷고 있는 앞선 순례자를 좇는 일도 즐겁다. 큼직한 오레오hórreo도 눈에 잘 띈다. 오레오는 이곳 갈리시아 지방의 곡물 창고이다. 그 크기는 대체로 그 집 규모와 비례한다. 그렇지만 전반적으로 우리의 곳간에 비하면 작다는 느낌이 든다. 아마도 목축이 주(主)이고 농업이 부(副)이기 때문에 곡물을 굳이 많이 비축할 필요가 없어서일까(S21 참조)?

가벼운 발걸음으로 걷다보니 어느새 작은 마을에 도착했다. 마을 모퉁이에 있는 작은 카페에서 차 한 잔을 마신다. 실내 장식을

잘 가꾸어진 숲 터널 숲 곡물 창고 오레오

쓱 훑어본다. 벽에 걸린 기이한 물건이 눈에 들어온다. 민속 기물임에 분명하지만 그 용도가 궁금하다. 카페 주인에게 물으니, 이 고장의 축제 때에 쓰는 악기라고 한다. 현은 막대기로 문지르고, 또 둥근 머리는 때리거나 흔들어 소리를 낸다면서 주인은 직접 시범을 보인다. 현악기와 타악기를 겸한 재미있는 전통악기다. 속내는 이처럼 속도를 늦춰야 보이는 법이다. 돌이켜 보면 너무 열심히 걷기만 한 듯하다.

주마간산(走馬看山)! 목적지가 다가오면서 기쁨 못지않게 아쉬움이 커져가는 이유가 여기에 있나 보다.

전통악기 전통악기 연주 시범

전체적으로 평화롭고 평온한 구간이지만 좀 주의를 기울면 의외로 죽은 이를 기리는 기념물이 눈에 띈다. 아니 유별나게 많다고 하는 게 옳을 듯하다. 자세한 내막은 구태여 알려고 하지 않았지만, 아마도 까미노를 걷다가 불의에 명(命)을 달리한 이들을 추념하는 것이리라. 고향이 아닌 이국의 땅, 이 길가에서 그들은 무슨 생각에 잠겨 있을까? 까미노를 걷던 행복한 기억일까, 아니면 완주하지 못한 한(恨)일까, 알 길이 없다.

망자 추념

문득 한 표지석의 한글 낙서가 생각난다.

"아직 살아 있음에 감사하다."

보는 순간 언짢았던 한글 낙서가 이제는 허튼 장난으로 보이지 않는다. 일순간 숙연해지며 기분이 가라앉는다.

망자 추념

그때, 깔깔거리는 소리가 무거운 분위기를 깬다. 강을 거슬러 오르는 은어처럼 파딱이는 움직임도 보인다. 소녀 삼총사다. 무엇이 그리 좋은지 서로 마주 보며 요란한 몸짓으로 즐거워한다. 그러더니 날씨가 더운지 한 소녀가 입고 있던 웃옷을 홀라당 벗어 버리고 짧은 옷을 꺼내 갈아입는다. 누가 보든지 말든지 아랑곳하지 않는다. 물어 보니 고등학생이라고 한다. 평일 대낮인데 학교를 가지 않아도 되는지 궁금하다. 물어볼 틈도 주지 않고 포즈를 취하자마자 깔깔대며 멀어져 간다. 푸른 숲속으로 걸어 들어가는 청춘들, 부럽다. 이 순간 교실에 붙잡혀 있을 한국의 소녀들이 떠오르기 때문이다. 쉬 가는 게 청춘이거늘! 뇌리에 삶과 죽음, 청춘과 노쇠 등등의 단어가 멋대로 교차한다.

기실 가고 오는 것, 이것이 바로 길이리라. 가기만 하는 길이 있

한국어 낙서 “아직 살아 있음에”

스페인 고교생

을리 없거니와 오기만 하는 길도 있을 리가 없다. 까미노, 너도 한갓 길이 아니더냐. 가기도 하고 오기도 하는 …

모처럼 여유롭게 20.2km를 걷다. 775.9km를 왔고 이제 20.1km를 가면 끝이다.

숲과 청춘

D26(5월 5일)

드디어 입성!

빼드로우소(Pedrouzo) →
산띠아고 데 꼼뽀스떼라(Santiago de Compostela)

드디어 산띠아고에 입성하는 날!

설레는 마음을 추스르라는 듯 비가 차락차락 내린다. 들뜬 마음을 가라앉히라는 말인가 싶다. 하지만 거추장스런 우의(雨衣)에도 불구하고 모두들 발걸음이 가볍다. 기나긴 여정을 마무리하는 순간이니 어찌 들뜨지 않으랴!

길모퉁이를 돌아서는데 한 할아버지가 하얀 말을 끌고 갑자기 나타난다. 순간 착각에 빠진다. 지금이 어느 시대인데 백마를 끄는 순례자가 다 있나? 착각은 착각일 뿐, 지금 까미노는 공항을 끼고 우회하고 있다. 빠른 비행기에게 길을 다 내주고 더딘 순례자들은 더 멀리 걸어야 한다는 게 아이러니하다. 드디어 기념탑이 보인다. 교황의 산띠아고 방문을 기념하여 세운 대형 조형물이다. 드디어 산띠아고에 들어서고 있다는 증거이다.

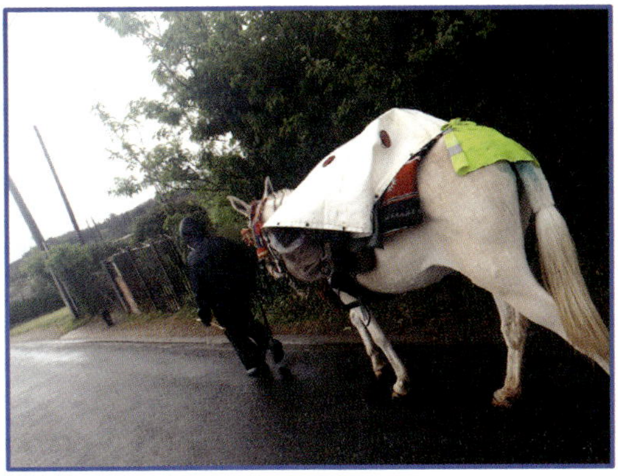

백마와 순례자

교황 방문 기념탑

멀리 산띠아고의 정경이 어렴풋 보인다. 그러나 환호하기에는 아직 빠르다. 한참을 더 걷자 시내 모습이 뚜렷이 다가온다. 예상 외로 산뜻한 정경이다. 마치 최근에 조성한 아파트 단지 같다. 기대하던 대성당의 첨탑은 눈을 씻고 보아도 찾을 수 없다. 신시가이고, 구도심은 아직 멀었다. 지루한 도시 길이 한동안 이어진다. 길가의 별 조형물이 "힘내서 걸어!"라고 하는 듯이 한 발을 들고 서있다.

산띠아고 신시가

산띠아고의 별

조바심을 넘어 짜증이 나려고 할 무렵에야 마침내 대성당 광장에 이른다. 환호성이 절로 나올 줄 알았는데 그렇지 않다. 생각보다 담담하다. 가슴에 손을 올려본다. 심장도 평온하게 뛰고 있다. 담당 의사의 우려에도 불구하고 잘 뛰어준 심장이 고맙지만, 어쩐지 허전한 느낌이 든다. 아마도 내가 천주교 신자가 아니어서 그런가 보다. 보수 공사가 한창 진행 중인 대성당도 뭔가 어수선하다.

뭘 해야 좋을지 망설이는데, 누군가가 순례자 사무실에 가서 증명을 받는다고 한다. 사무실 앞에는 이미 긴 줄이 늘어서 있다. 무려 2시간을 기다리니, 순례자 여권에 마지막 확인 도장을 찍고서 순례자 증명을 발급해준다. 아울러 별도의 인증서를 발부 받으라고 권한다. 인증서까지 구태여 받을 필요가 있을까 망설이다가 결국 10유로 수수료를 냈다. 799km를 26일 동안 걸었다는 내용을 적으면서, 담당자는 엄지를 치켜세우며 대단하다고 감탄한다. 보통보다 훨씬 빨리 걸었다 하면서 장난스런 표정을 짓던 그가 표정을 엄숙히 하고 옷을 가다듬고 일어섰다. 정중하게 경의를 표하면서 인증서를 건네준다. 거듭 영예로운 것임을 일깨워 주는 듯하다.

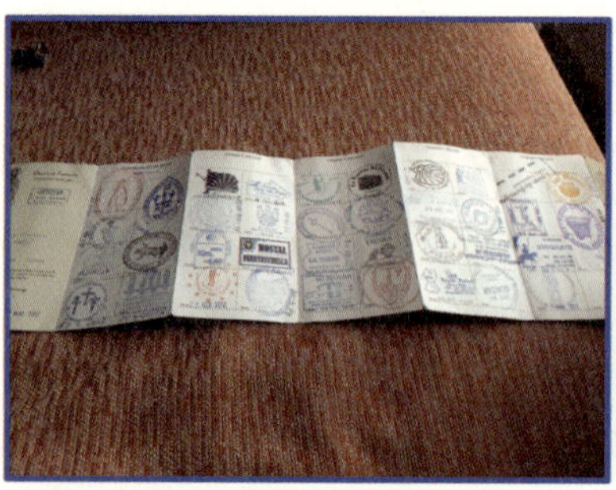

순례자 여권에 찍힌 도장들

순례 기록 인증서

기다리기에 지루한 2시간, 바로 내 앞에 말벗이 되어준 우리나라 여대생 2명이 있어 다행이었다. 그녀들도 나와 같은 코스를 걸어온 것이어서 피차 할 말이 많았다. 식사를 함께 하며 포도주 잔을 높이 들어 완주를 서로 축하했다. 서울 소재 대학교 4학년생들로 휴학하고 왔다. 초등학교부터 대학에 이르기까지, 부모와 학교가 시키고 제시하는 대로 나름 착실히 보냈다. 그런데 졸업을 앞두고 보니 자신들이 너무 무기력하다는 생각뿐이었다. 과감하게 졸업을 미루고 산띠아고 까미노를 걸었단다.

"그래 무엇을 얻었는가?"
"잘 모르겠어요. 하지만 잘 한 것은 분명해요."
"나도 마찬가지일세. 자, 다시 건배!"

산띠아고 대성당

고마운 발

흐뭇한 표정들에 자신감이 깃들어 있다. 잘 먹고 마시고 숨을 돌리고 나니 기운이 솟는다. 다시 차분히 대성당 앞 광장에 섰다. 함께 기념사진을 찍은 뒤, 내 발이 잘 나오도록 독사진을 부탁했다. 의아해하지 않고 찍는다. 식사하면서 발의 고마움을 이미 말해 두었기 때문이다(S17 참조).

마지막 20.1km를 걸었다. 총 796km를 걸었다. 뭔가 달라진 느낌이다. 마침 오늘은 어린이날이다.

D+1(5월 6일)

유럽의 땅 끝

스스로에게 상을 주기로 했다. 담당 의사의 걱정 어린 충고를 보란 듯이 이겨준 몸이 고마워서이다. 특히 800km를 씩씩하게 걸어준 발에게 특별한 상을 주고 싶었다. 버스를 타고 피니스떼라 Finisterra라는 작은 어촌 마을을 향했다. 피니스떼라는 '끝'이란 의미의 '피니스'와 '땅'이란 의미의 '떼라'가 합쳐진 이름이다. 우리나라 해남에 있는 토말(土末)과 같은 의미이다. 이곳은 한 때 대륙의 끝 또는 유럽의 끝이라고 믿어져 왔다. 사실은 스페인의 서쪽 끝일뿐이다. 어쨌든 신선한 생선 요리로 유명한 것은 예나 지금이나 마찬가지라고 한다.

마을에서 만난 한국인 자매와 함께 바닷가 식당을 찾았다. 물론 그녀들도 까미노를 완주하고 온 것이다. 내 딸 연배들이니, 당연 밥값은 내 몫이다. 세 가지 요리와 포도주를 시켰다. 대서양 해변에서 맛보는 생선 요리! 대장정 뒤끝이라 맛있을 수밖에 없을 터이다. 그런데 음식 재료를 알고 보니 의외이다.

"아귀, 가자미, 새우, 맛 조개 …"

우리 바닷가와 다를 게 하나도 없는 것이다. 다름과 같음은 원래 함께 있는 것인가? 흔히 접할 수 있는 재료들이 이렇게 특별하게 느껴지니 말이다. 생각해보니 까미노도 그랬던 것 같다. 우리는 일상의 평범함이 어느 순간 특별해질 수 있다는 사실을 함께 몸으로 느꼈다.

"맛있니?"
"예, 맛있어요. 정말로 …"
말끝이 흐려진다. 눈시울도 살짝 붉어진다.
"왜 그러니?"
"실은 우리 자매는 많이 싸웠어요. 한국에서도 까미노에서도 …. 그런데 너무 좋아요. 지금이."

대서양 어촌

그러면 그렇지! 설마 음식이 맛있어서 울컥 했겠는가? 자매라는 일상이 이렇게 소중함을 새삼 실감한 탓이리라.

해물 요리

'피니스떼라'는 일명 '피스떼라'라고도 하는데 현지 지방 말이라고 한다. 토말, 즉 땅끝이라는 의미이지만, 진짜 땅끝은 마을로부터 2km 남짓 떨어져 있다. 멀리 망망대해가 펼쳐지는 곳에 0km라는 표지가 서있다. 난 발과의 약속대로 신발과 양말을 벗고 대서양을 향해 앉았다. 무모한 일정에도 불구하고 끝까지 묵묵히 걸어준 '발'에게 대서양을 꼭 보여주겠다고 한두 번 약속한 것이 아니었다(S17 참조). 유럽의 땅끝! 그들이 이곳을 '끝'으로 여기고 바다를 건너지 않았다면, 지금의 세계는 어떤 모습일까? 안데스 산맥에는 산 아래에서 꼭대기까지 감자가 잘 자라도록 개량하면서 순박하게 살던 잉카족이 그들의 삶을 그대로 살고 있을까?

이곳에는 오랜 관습이 전해 오고 있다. 땅 끝에 도착한 순례자들이 자신의 신발을 태우는 '의식'이다. 더 이상 갈 곳, 혹은 갈 필요가 없어서 신발을 태우는지, 아니면 고락을 함께 한 신발에게 엄숙한 장례를 치러주기 위함인지 모르지만 말이다. 지금은 화재 위험이 있다하여 금지하고 있다. 그럼에도 불구하고 몰래 몰래 태우는 사람이 많은가 보다. 관습과 의식은 쉬 없애기 어려운 법이

신발 태우는 곳

신발의 기억

리라. 바로 옆 바위 위엔 청동 신발 한 짝이 놓여있다. 무슨 의미일까? 신발을 태우지 못하는 순례자의 아쉬운 마음을 달래기 위함인가? 아니면 태워 없어졌지만 가슴에 영원히 남아있을 순례자의 기억을 표상하는 것일까?(S19 참조)

다시 마을로 돌아오는 길, 유난히 국산차가 자주 눈에 띈다. 유럽의 땅 끝에서 만나니 반갑다. 반만 년 동안 고집스럽게 한반도를 지켜온 민족, 이제는 국운이 창성하여 오대양을 넘어 여섯 대륙을 내달렸으면 좋겠다. 일상을 벗어던지고 용감하게 까미노를 걷는, 수많은 우리 젊은이들이 많으니 결코 머나먼 꿈이 아니리라.

국산차

D+2(5월 7일)

다시 찾은 산띠아고

다시 버스를 타고 산띠아고로 돌아간다. 일찍 일어나는 것이 습관이 된 탓에, 첫 차이지만 출발 시간이 제법 남았다. 다시 대서양 바닷가를 찾았다. 내 머릿속의 대서양은 늘 아메리카 신대륙 발견과 연계되어 있기에, 웅장하고 도전적인 이미지를 늘 동반하고 있었다. 그런데 별로 다르지 않다. 우리나라의 남해나 동해처럼, 맑은 물과 아기자기한 해변으로 이루어져 있다. 나는 또다시 고마운 나의 발을 대서양 물에 담고 한참동안 느긋함을 즐겼다.

대서양 해변

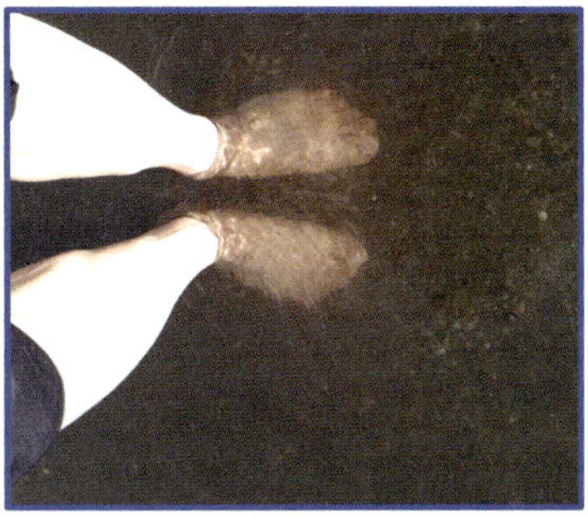

대서양에 담근 발

유럽인은 대서양을 건넜건만, 아시아인은 태평양을 왜 건너지 않았을까? 유목민의 피가 짙게 흐르는 유럽인과 농경민의 피가 진하게 흐르는 동양인은 그 유전적 자질이 원래 다른 것인가? 또 다시 '만약의 역사'를 부질없이 상상하고 있는데, 끼룩끼룩, 갈매기 한 마리가 날아오른다. 차 출발 시간이 얼추 되어간다.

다시 산띠아고로 돌아왔다. 썩 마뜩치 않은 마음이다. 정해진 일정인데, 왔던 길을 되돌아간다는 것은 일종의 시간 허비라는 생각을 평소 갖고 있었기 때문이다. 그런데 잘 돌아왔다. 터미널에서 뜻밖에 반가운 사람들을 만날 줄을 몰랐다. D3에 휠체어를 함께 밀어주었던 브라질 친구, 그는 거의 모든 여정을 함께 했다. 만날 때마다 불편한 내 발목 걱정이 태산이었다. 눈이 마주치기라도 하면 어김없이 엄지를 치켜세우며 "당신은 대단해!"라고 격려를 아끼지 않았다. 브라질 사람이지만 스페인어도 아주 자유롭게 구사한다. 그의 말에 의하면 포르투갈어와 스페인어는 비슷한 점이 많다고 한다. 쾌활하고 사교적인 그는, 누군가가 말이 잘 통하지 않아 곤란을 겪고 있는 상황을 지나친 적이 없었다.

또 한 명은 스페인 친구다. 영어를 거의 못하고 우락부락하게 생겨서 얼핏 무섭다는 느낌마저 들 정도였다. 실제로는 누구보다도 따뜻한 마음을 갖고 있어 스페인의 열정을 느끼게 해주는 청년이었다. 발목이 몹시 아프던 날(D13-14), 내 침상과 행장을 정리해 주겠다고 적극 나서던 그 친구다. 자신도 아프지만, 내가 더 아프다고 자신의 발목 보호대를 풀어주면서, 친절하게 버스 운행 정보를 검색하여 주었다. 너무 반가워 우리는 덥석 서로 껴안았다. 이

브라질 친구

스페인 친구

것만으로도 돌아오길 잘 했다. 누군가가 말했듯이, 까미노의 노른자는 바로 길벗! 사실 발목을 붙잡고 길가에 주저앉아 있을 때면 어느 누구 한 사람도 그냥 지나가는 법이 없었다. 걱정해주고 격려해주는 것이었다. 그들도 다 길벗이다.

되돌아오길 잘했다는 마음이 들자 자연스럽게 대성당 광장 앞을 다시 찾았다. 역시 많은 까미노 길벗과 마주쳤다. 중국 서안(西安)에서 온 젊은 부부, 장춘(長春)에서 온 천주교 신자 부인들, 빠에야를 함께 먹었던 브라질 연인, 유난히 환하게 웃던 호주의 '젊은' 할머니 등등. 서로 붙잡고 사진 찍기에 바쁘다. 모두 다 대단한 일을 해낸 동지라고 여기기 때문이다.

물론 새로운 얼굴이 대부분이다. 게 중에 한 무리가 둥글게 둘러서서 특이한 동작을 하고 있다. 한 손을 높이 들어 다른 손에

축배 퍼포먼스

자전거 순례자

무언가 따르더니, 꿀꺽꿀꺽 마시고, 크게 파안대소를 하고 있는 것이다. 독일에서 온 관광객들로 축하의 맥주를 마시는 퍼포먼스라면서 함께 하자고 한다. 흥겨운 잔치다. 마침 도착한 자전거 순례자들도 환하게 웃으며 쳐다보고 있다. 나도 그날의 감격을 되살리며 한 잔 맛있게 마셨다.

"카! 좋다!"

까미노를 완주하고 마시는 맥주, 상상만으로도 시원하고 통쾌하기 그지없다. 술도 한 잔 했으니 이제 무엇을 하지? 마침 일요일이다. 신자는 아니지만 미사에 참여해 보면 어떨까? 많은 사람들이 일부러 미사를 드리기 위해 일정을 조절까지 하는데 말이다. 옷을 여미고 대성당으로 들어섰다. 그저 관람할 때와 사뭇 다른 느낌이

대형 향로

야곱 상

다. 저 앞 멀리 야곱 형상이 근엄하고, 대형 향로가 시계추처럼 오락가락 하며 심금을 때린다. 미사가 끝날 무렵 모두들 오랜 이웃인 양 다정한 인사를 나눈다. 물론 길손에게도 잊지 않고 손을 내민다. 이 순간만은 신자인지 여부가 중요하지 않다. 다들 다정한 성도가 되는 듯하다.

미사가 끝나고 성당 밖으로 나오니 다시 사바(娑婆) 세계다. 어느 하나 돈벌이와 무관한 것은 없어 보인다.

"여행하면 뭐니 뭐니 해도 사진 아니겠어요?"

가장 많이 눈에 띄는 것은 역시 사진과 관련 있는 일이다. 박물관에서 끌고나온 듯한 사진기가 손님을 부른다.

빈티지 사진기

사진 모델

"이걸로 찍어야 역사가 되는 거죠."

마치 행위 예술이라도 하듯이 중세 복장으로 분장하고 서 있는 사람들은, 관광객을 불러 사진을 찍게 하고 돈을 받는 직업 모델이다.

체면 불구하고 길거리에 앉아 손을 내밀면서 구걸하는 사람도 여기저기 보인다. 신기한 것은 별로 거지처럼 보이지 않는다는 점이다. 툴툴 털고 일어서면 그저 지나가는 행인과 다를 바 없을 듯하다. 사지도 멀쩡하거니와 차림새도 범상하다. 목에 찬 호소문을 읽어보니 차분한 말투에 어처구니가 없어진다.

걸인

나는 매우 비참한 사람입니다.

아이 2명이 있습니다.

집이 없습니다.

직업이 없습니다.

제발 한 푼 주세요 먹거리를 위해

도와주세요 제발 고맙습니다.

서유럽의 걸인은 그 기준이 높은가 보다. 매우 비참하다는 생각 대신 헛웃음이 절로 나온다.

한편 이를 비웃듯이 음악을 연주하면서 점잖게 희사(喜捨)를 청하는 거리 예술가도 자주 눈에 띈다. 커다란 개를 곁에 두고 아코디언을 연주하는 사람은 거리 예술가인지 걸인인지 구분이 모호

거리 예술가

거리 예술가와 개

로또 판매점

하다. 일설에 의하면 개는 다 목적이라고 한다. 정말 반려동물로 가족처럼 여기는 경우보다는 오히려 동물 양육 보조 수당을 받기 위해서 데리고 다니는 경우가 많다는 것이다. 현대판 집시인지 아무튼 그의 표정은 느긋하고 행복해 보인다. 성당 뒤편을 돌아서니 로또를 파는 부스가 보인다.

"일확천금(一攫千金) 70억 유로!"

더 가관인 것은 좁은 부스 안이 터질 것 같은 몸뚱이를 소유한 판매원의 뒷모습이다.

"열심히 비셨으면 복권을 사셔야죠."

탈종교화와 세속화가 급격히 진행되고 있다는 서유럽의 현장을 보는 듯하다. 어쩜 까미노 순례의 또 다른 면모인지 모른다는 생각에 씁쓸함을 금할 수 없다. 하긴 성(聖)과 속(俗)은 영원한 동반자라고 하지 않던가?

D+3(5월 8일)

안녕! 산띠아고

이른 아침 공항으로 가는 버스를 탔다. 버스는 D26 마지막 걸었던 길을 달렸다. 파리로 돌아가기 위해 저가항공을 타러 가는 길이다. 기차보다도 빠른데다가 싸기까지 하니 당연한 선택이다. 비행기 창문 너머 산띠아고라고 써져 있는 대합실과 관제탑이 뒤로 미끄러진다. 그만 미련을 떨치라는 듯이. 비행기는 곧 지상을 떠났다. 공항과 도시를 벗어나자 저 아래로 들판이 펼쳐져 있다. 걸으면서 본 것과 전혀 다른 모습이다. 안개에 살짝 가렸지만, 처음 본 광경이다. 저 여러 빛깔을 띠고 있는 들판이 내가 걸었던 땅이란 말인가? 허겁지겁 걷는 데 집착한 나머지 아무 것도 못 본 것은 아닌가 하는 걱정이 밀려온다. 하긴 주마간산(走馬看山)이었지! 허나 후회하진 말자. 아무리 천천히 그리고 자세히 보았다 하더라도 시간이 지나면 어차피 저처럼 아련해질 터이니까. 아무튼 모두 안개 낀 것처럼 아련한 기억으로 남겠지.

파리에 도착했다. 결혼한 지 겨우 한 달인 둘째 딸과 사위가 마중을 나왔다. 점심을 차렸다. 태어나 처음 아빠에게 차린 밥상인데, 너무 초라하다고 걱정이다.

"아니다. 김치찌개 하나면 족하다. 이게 제일 먹고 싶었다니까."

산띠아고 공항

들판 위에서

내가 걸은 들판?

일상의 기쁨 : 김치찌개

김치찌개는 내가 주문한 것이다. 김치찌개를 먹으면서 나는 다시 일상으로 컴백함을 느낀다. 담담해지지만 든든하다. 여행이란 본래 거울보기와 같은 것, 결국 나와 우리를 보는 것이 아니던가? 딸 부부가 이런저런 궁금한 것들을 묻는다.

"가장 기억에 남는 것은 무엇이에요?"
"일상이 가장 소중하다는 사실을 깨닫게 된 것이지."

남들이 다 하는 것일수록 진짜 더 소중한 것이니, 일상의 소중함을 늘 감사하며 잘 살기 바란다는 소망을 피력했다.

"기회가 되면 또 가시겠어요?"

언제나 오늘처럼

"물론 가고 싶지. 그러나 세상에 길이 얼마나 많은데 왜 또 그 곳을 가?"

기실 목적지가 다가올수록 마음속에 강해졌던 생각이 있다. 나는 내 터전을 얼마나 걸어봤지? 남의 나라 800km를 걸으면서, 겨우 600km 남짓인 국토 1호선(목포에서 신의주까지)은 왜 걸을 수 없는 게지? 이런 생각이다(S25 참조).

"그럼 어딜 가시겠어요?"
"글쎄다. … 한반도 종단?!"

평온하던 심장이 꽝꽝 뛴다. 또 가냐고 심장이 항변하는지,

아니면 좋아서 그런지 모르겠다. 딸은 궁금한 것이 참 많은 모양이다.

"또 들려줄 얘기는요?"

"아무래도 책을 한 권 써야겠구나."